PARA A
SEGUNDA FASE DO **EXAME**

DICAS BÁSICAS DE
PORTUGUÊS JURÍDICO E DE
REDAÇÃO JURÍDICA

GUIA PRÁTICO PARA O EXAME DE ORDEM

20
23

Dados Internacionais de Catalogação na Publicação (CIP) de acordo com ISBD

S112g   Saad, Mara
        Guia prático para o exame de ordem: dicas básicas de português jurídico e de redação jurídica / Mara Saad. - Indaiatuba, SP : Editora Foco, 2023.

        192 p. ; 16cm x 23cm.

        Inclui bibliografia e índice.

        ISBN: 978-65-5515-776-5

        1. Direito. 2. Ordem dos Advogados do Brasil - OAB. 3. Exame de Ordem. I. Título.

2023-1004   CDD 340   CDU 34

Elaborado por Vagner Rodolfo da Silva - CRB-8/9410

Índices para Catálogo Sistemático:

1. Direito 340

2. Direito 34

Mara Saad

PARA A **SEGUNDA FASE** DO **EXAME**

DICAS BÁSICAS DE PORTUGUÊS JURÍDICO E DE REDAÇÃO JURÍDICA

GUIA PRÁTICO PARA O EXAME DE ORDEM

2023 © Editora Foco

Autora: Mara Saad
Diretor Acadêmico: Leonardo Pereira
Editor: Roberta Densa
Assistente Editorial: Paula Morishita
Revisora Sênior: Georgia Renata Dias
Capa Criação: Leonardo Hermano
Diagramação: Ladislau Lima e Aparecida Lima
Impressão miolo e capa: DOCUPRINT

DIREITOS AUTORAIS: É proibida a reprodução parcial ou total desta publicação, por qualquer forma ou meio, sem a prévia autorização da Editora FOCO, com exceção do teor das questões de concursos públicos que, por serem atos oficiais, não são protegidas como Direitos Autorais, na forma do Artigo 8º, IV, da Lei 9.610/1998. Referida vedação se estende às características gráficas da obra e sua editoração. A punição para a violação dos Direitos Autorais é crime previsto no Artigo 184 do Código Penal e as sanções civis às violações dos Direitos Autorais estão previstas nos Artigos 101 a 110 da Lei 9.610/1998. Os comentários das questões são de responsabilidade dos autores.

NOTAS DA EDITORA:

Atualizações e erratas: A presente obra é vendida como está, atualizada até a data do seu fechamento, informação que consta na página II do livro. Havendo a publicação de legislação de suma relevância, a editora, de forma discricionária, se empenhará em disponibilizar atualização futura.

Erratas: A Editora se compromete a disponibilizar no site www.editorafoco.com.br, na seção Atualizações, eventuais erratas por razões de erros técnicos ou de conteúdo. Solicitamos, outrossim, que o leitor faça a gentileza de colaborar com a perfeição da obra, comunicando eventual erro encontrado por meio de mensagem para contato@editorafoco.com.br. O acesso será disponibilizado durante a vigência da edição da obra.

Impresso no Brasil (05.2023) – Data de Fechamento (01.05.2023)

2023

Todos os direitos reservados à
Editora Foco Jurídico Ltda.
Rua Antonio Brunetti, 593 – Jd. Morada do Sol
CEP 13348-533 – Indaiatuba – SP

E-mail: contato@editorafoco.com.br
www.editorafoco.com.br

APRESENTAÇÃO

Mara Saad é formada em Letras pela Universidade de Brasília (UnB) e em Direito pelo UniCEUB (Centro Universitário de Brasília) com especialização em Direito Processual Civil pelo ICAT – Instituto de Cooperação e Assistência Técnica do Centro Universitário do Distrito Federal, hoje conhecido por UDF. É servidora pública aposentada no cargo de Analista Judiciário do Tribunal de Justiça do Distrito Federal e dos Territórios – TJDFT, onde exerceu durante vinte e cinco anos a assessoria de magistrado, elaborando e revisando minutas de sentenças. É autora dos livros para concursos "TJDFT em Esquemas", já em sua terceira edição, e "STF em Esquemas", ambos detidos ao ensino dos Regimentos Internos e legislação correlata dos respectivos Tribunais. Desde 2009 até os dias atuais, exerce a docência na Escola de Formação Judiciária do Tribunal de Justiça do Distrito Federal e dos Territórios, ministrando cursos de Técnicas de Redação Jurídica (relatórios, sentenças, votos, ementas) com vistas à capacitação e ao aperfeiçoamento dos servidores da Casa. Também é professora do curso de Redação Jurídica direcionado ao exame da OAB no Gran Cursos online, onde também ministra aulas de Regimentos Internos de Tribunais (TJDFT, STJ, TST e STF).

SUMÁRIO

APRESENTAÇÃO V

INTRODUÇÃO XI

1. ESCLARECIMENTOS PRELIMINARES 1

    1.1   O certame 1

    1.2   A prova da segunda fase 2

2. REQUISITOS EXIGIDOS PELO EDITAL 5

    2.1   Compreensão do enunciado e capacidade de interpretação 5

    2.2   Domínio e consistência de conteúdo 5

    2.3   Conhecimento das regras processuais pertinentes 6

    2.4   Domínio do raciocínio jurídico 6

    2.5   Domínio da técnica profissional 6

    2.6   Domínio da norma culta da língua escrita 6

    2.7   Adequação ao problema proposto 7

    2.8   Respostas que reflitam a jurisprudência pacificada do Supremo Tribunal Federal e dos Tribunais Superiores 7

3. DAS POSSÍVEIS PENALIDADES 9

    3.1   Anulação da prova e eliminação sumária do candidato 9

    3.2   Nota zero 10

    3.3   Descontos na pontuação 12

    3.4   Não confere pontuação 13

4. PREPARAÇÃO PARA A PROVA 15

    4.1   Como pode ser marcado o vade mecum 15

    4.2   Seleção do material para a prova 15

GUIA PRÁTICO PARA O EXAME DE ORDEM • Mara Saad

5. DIA DA PROVA		17
5.1	Como deve o examinando proceder no dia da prova	17
5.2	Exemplo do que anotar no caderno de rascunhos	18
5.3	Seguem abaixo três possibilidades de gerenciamento do tempo. Escolha a que melhor atenda às suas necessidades	19
6. DA PETIÇÃO JURÍDICA: ASPECTOS FORMAIS		21
6.1	Estética textual	21
6.2	Letra	21
6.3	Paragrafação	21
6.4	Margem	22
6.5	Translineação	22
6.6	Títulos e subtítulos	24
6.7	Espaçamento entre itens	24
6.8	Flexão de gênero	24
6.9	Rasuras	25
7. PRINCÍPIOS FUNDAMENTAIS DO TEXTO		27
7.1	Objetividade	27
7.2	Impessoalidade	27
7.3	Clareza	28
7.4	Precisão	32
	7.4.1 Verbos apropriados para se referir às ações e aos recursos	33
	7.4.2 Denominação das partes, nas diversas ações, procedimentos e recursos	34
	7.4.3 Preliminares – Que verbo usar	34
	7.4.4 Denominação do beneficiário do habeas corpus	36
	7.4.5 Concessão da segurança e concessão da ordem	36
	7.4.6 Expressões jurídicos que todos devem conhecer	37
	7.4.7 Adjetivos para substituir locuções adjetivas empregadas na linguagem jurídica	40
	7.4.8 Juiz x Juízo	42
	7.4.8.1 A quem é dirigida a petição, ao juiz ou ao juízo?	42
	7.4.8.2 É possível empregar a palavra juízo em lugar de juiz?	43

7.4.9	Desincumbir-se	43
7.4.10	"Lugar incerto e não sabido" ou "lugar incerto ou não sabido"?	44
7.4.11	O Supremo Tribunal Federal não é Tribunal Superior	44
7.4.12	União Federal ou União	45
7.4.13	Como usar o latim de forma escorreita	46
7.4.14	A repetição de palavras nas petições jurídicas	47
7.4.15	A que se destinam os sinais (...) e [...]?	48
7.5	Formalidade	50
7.5.1	O texto jurídico exige formalidade, a fim de se lhe conferir caráter oficial. Por isso, não há lugar para	50
7.6	Concisão	50
7.7	Coesão	52
7.8	Coerência	56
7.9	Correção gramatical	57
7.9.1	Alguns erros de regência para se evitar	57
7.10	Paralelismo	63

8. DAS PETIÇÕES EM GERAL 65

8.1	Elementos essenciais da petição inicial	70
8.2	Preâmbulo	71
8.3	Endereçamento ou cabeçalho	75
8.4	Qualificação das partes	89
8.5	Nomen iuris da peça (nomenclatura da petição)	93

9. FUNDAMENTO LEGAL 101

10. FATOS 119

11. FUNDAMENTOS JURÍDICOS DO PEDIDO (OU FUNDAMENTOS DE DIREITO) 127

12. PEDIDO 137

13. PROTESTO POR PRODUÇÃO DE PROVAS 147

14. VALOR DA CAUSA 149

15. OPÇÃO PELA REALIZAÇÃO DE AUDIÊNCIA DE CONCILIAÇÃO OU DE MEDIAÇÃO 151

16. ENCERRAMENTO.. 153

17. LOCAL E DATA.. 157

18. ASSINATURA 159

19. DAS QUESTÕES DISCURSIVAS 161

20. COMANDOS VERBAIS DE ENUNCIADOS DE PROVAS DISCURSIVAS...... 167

21. COMO AGRADAR AO EXAMINADOR 169

CONCLUSÃO.. 173

REFERÊNCIAS.. 175

INTRODUÇÃO

A aprovação no Exame de Ordem é requisito para os bacharéis em Direito exercerem a advocacia ou participarem de diversos concursos públicos da área jurídica.

A prova tem sido realizada pela Fundação Getúlio Vargas (FGV) desde o ano de 2010 e é realizada em duas etapas: a primeira, de caráter objetivo e a segunda, de caráter subjetivo, cuja avaliação recai sobre a elaboração de uma peça prático-processual e na resolução de quatro questões discursivas.

O presente livro é detido apenas à **abordagem da prova da segunda fase do Exame da OAB**. Se você o adquiriu, provavelmente obteve êxito na 1ª fase ou está se preparando antecipadamente para o exame. Portanto, parabéns aos primeiros e também aos segundos pela atitude louvável de se preparar antecipadamente para um exame de nível tão elevado.

O presente guia contém orientações gerais sobre a prova e aborda as exigências do edital, as possíveis penalidades, as petições mais cobradas nos exames anteriores, os aspectos formais e os requisitos essenciais das petições jurídicas em geral, os princípios elementares dos textos (clareza, objetividade, impessoalidade, precisão, concisão, coesão, paralelismo), os princípios dos textos jurídicos, entre outros aspectos de igual relevância. O guia traz ainda lições sobre o uso de termos jurídicos, a forma de citação, pontuação e transcrição dos dispositivos legais, conteúdo de essencial importância para a preparação da prova e elaboração de uma excelente redação jurídica.

O guia não aborda questões jurídicas propriamente. A nossa abordagem é feita sob o aspecto redacional. Também não possui a pretensão de servir de fonte doutrinária ou de manual de redação, os quais exigiriam abordagem mais extensa e detalhada. A nossa proposta é apresentar uma bússola para que o aspirante ao Exame de Ordem possa se guiar nos estudos e adquirir a segurança necessária para a realização da prova.

Para ser aprovado no exame de ordem, não basta o candidato saber o conteúdo da matéria jurídica; é preciso saber argumentar e isso envolve o conhecimento de gramática, o domínio da redação jurídica, da argumentação, do raciocínio lógico, da padronização de peças, da estética textual, entre outros elementos.

A prova discursiva, é bom lembrar, serve para avaliar o conhecimento da prática jurídica, a capacidade de escrita e o domínio do conteúdo. Se o candidato souber o conteúdo, mas não souber escrever corretamente (ou vice-versa) a comunicação fica incompleta.

Nessa fase, a essência da prova é a escrita, por isso é necessário estar munido de elementos que possibilitem escrever de forma correta e com linguagem adequada.

Portanto, o nosso propósito é de que o guia sirva de roteiro para a elaboração da estrutura de peças jurídicas e de questões discursivas, com padrões de linguagem jurídica, a fim de facilitar os estudos de quem não possui experiência no ofício ou não dispõe de tempo suficiente para se debruçar nos estudos. O guia é abundante em exemplos e modelos extraídos de provas já aplicadas pela FGV.

Além disso, o guia possui uma característica singular, que é a apresentação da estrutura do silogismo jurídico, que muito contribui para elaborar a fundamentação da peça e das questões discursivas de forma rápida e simples.

Para a amostragem das respostas da prova discursiva, foram selecionadas algumas questões de provas anteriores, cujas respostas foram elaboradas com base na folha de respostas da FGV.

O guia, por sua abrangência, será efetivamente de grande valia para os candidatos ao Exame da OAB. O que se espera é que, de posse de todos os elementos aqui abordados, o examinando esteja apto a elaborar com técnica e precisão a estrutura de uma peça jurídica e de questões discursivas.

Além de bem servir aos candidatos ao Exame de Ordem, o guia ainda convém aos advogados iniciantes, pois vai prepará-los para o ofício, e aos iniciados, pois vale como manual de consulta para a elaboração de peças.

Eventuais dúvidas, críticas e sugestões são sempre bem-vindas, o que podem ser feitas no endereço eletrônico marasaad@terra.com.br ou no perfil do Instagram @professoramarasaad.

1
ESCLARECIMENTOS PRELIMINARES

Vamos, do início, passo a passo, entender como funciona o Exame de Ordem para que não paire nenhuma dúvida sobre o certame de que o examinando vai participar.

1.1 O CERTAME

O Exame de Ordem é realizado em duas etapas: a primeira, de caráter objetivo, e a segunda, de caráter prático-profissional, ambas obrigatórias e eliminatórias.

Podem submeter-se ao Exame de Ordem:

- os bacharéis em Direito formados em instituição regularmente credenciada;
- os estudantes de Direito que comprovem estar matriculados nos dois últimos semestres ou no último ano do curso de graduação em Direito, considerada a data de realização da prova;
- o bacharel em Direito que detenha cargo ou exerça função incompatível com a advocacia, ainda que vedada a sua inscrição na OAB;
- o portador de diploma estrangeiro que já tenha sido revalidado na forma prevista no art. 48, § 2º, da Lei n. 9.394, de 20 de dezembro de 1996, considerada a data de realização da prova.

Em geral, a FGV aplica três exames por ano e os candidatos que não obtiverem pontuação mínima na segunda fase poderão fazer a "repescagem", ou seja, o examinando tem a faculdade de reaproveitar, por uma única vez e no exame imediatamente subsequente, os pontos obtidos na primeira fase do exame anterior, mediante o pagamento de uma taxa de inscrição.

Ao se inscrever no certame, o candidato deve optar por uma das áreas jurídicas abaixo relacionadas. A possibilidade de escolha é muito bem-vinda, pois permite ao examinando optar pela área jurídica de sua preferência e reduzir a quantidade de matéria a ser estudada.

A escolha da área de opção, todavia, deve ser feita à luz da afinidade e aptidão do candidato e não por supostas facilidades que uma matéria apresenta em detrimento de outras, como o elevado número de peças possíveis ou a dificuldade da matéria jurídica a ser enfrentada. A escolha com base em rumores pode ser uma armadilha.

Na disciplina de Direito do Trabalho, por exemplo, embora sejam poucas as peças possíveis, as provas costumam ser extensas, fato que leva uma coisa a descompensar a outra. O mesmo acontece com as provas de Direito Penal.

As áreas de opção são as seguintes, com o correspondente direito processual:

ÁREAS DE OPÇÃO
Direito Administrativo
Direito Civil
Direito Constitucional
Direito Empresarial
Direito Penal
Direito do Trabalho
Direito Tributário

Na primeira faze do Exame, o candidato se vê ainda comprometido com as disciplinas de Ética Profissional, Filosofia do Direito, Estatuto da Criança e do Adolescente, Código de Defesa do Consumidor e agora, mais recentemente, Direito Previdenciário, Eleitoral e Financeiro.

1.2 A PROVA DA SEGUNDA FASE

A segunda fase do Exame de Ordem consiste na elaboração de uma peça prático-profissional e na resolução de quatro questões discursivas que valem, em conjunto, 10 pontos.

As respostas deverão ser elaboradas no caderno de resposta, em papel pautado:

- a peça, na extensão máxima de cento e cinquenta linhas, com cinco laudas de trinta linhas;
- as questões discursivas, na extensão máxima de trinta linhas cada uma.

Na prova da segunda fase, não se mede apenas o conhecimento jurídico, mas também a capacidade do examinando de resolver na prática um caso conflituoso, com base nas fontes do direito.

1 • ESCLARECIMENTOS PRELIMINARES

Segundo o edital, o texto da peça profissional e as respostas às questões discursivas serão avaliados quanto:

1. Compreensão do enunciado e capacidade de interpretação;
2. Domínio e consistência de conteúdo;
3. Conhecimento das regras processuais pertinentes;
4. Domínio do raciocínio jurídico;
5. Domínio da técnica profissional;
6. Domínio da norma culta da língua escrita;
7. Adequação ao problema proposto;
8. Respostas que reflitam a jurisprudência pacificada do Supremo Tribunal Federal e dos Tribunais Superiores.

Nessa fase, a essência da prova é a escrita, por isso é necessário o candidato estar munido de elementos que o possibilitem escrever de forma correta e com linguagem adequada.

A peça profissional vale o máximo de cinco pontos, e cada questão, do tipo situação-problema, vale o máximo de um ponto vírgula vinte e cinco (1,25). A nota global da prova, denominada Nota na Prova Prático-Profissional (NPPP), será a soma das notas obtidas nas questões e na redação da peça profissional.

Veja no quadro abaixo o que é exigido na prova, a extensão máxima de linhas permitida e o valor de cada questão.

O QUE É COBRADO NA PROVA	NÚMERO DE LINHAS	VALOR
1 peça prático-profissional	150 no máximo (*)	5 pontos
4 questões discursivas do tipo situações-problema	30 no máximo (*)	1,25 cada = 5 pontos
(*) A FGV não exige o número mínimo de linhas.		

O tempo de duração da prova é de cinco horas e será aprovado o candidato que obtiver seis pontos ou mais no somatório global. Não se exige uma nota mínima em cada prova ou questão, podendo o examinando obter notas não inteiras em cada uma delas.

Tempo total de duração da prova	5 horas
Aprovação	6 pontos ou mais

2
REQUISITOS EXIGIDOS PELO EDITAL

2.1 COMPREENSÃO DO ENUNCIADO E CAPACIDADE DE INTERPRETAÇÃO

É o primeiro passo para desenvolver bem o texto jurídico. Compreender o enunciado significa analisar a questão proposta e coletar os dados necessários à resolução do problema. Analisar é dissecar as partes para a compreensão do todo. Nenhum pormenor deve passar despercebido. O examinando deve ler nas entrelinhas a fim de buscar as reais intenções do examinador. Todos os dados do enunciado são relevantes. Cada data, cada lugar, cada detalhe tem uma razão de ser. Datas podem dizer respeito a questões de prescrição ou de tempestividade. Lugares podem dizer respeito à competência e assim por diante. A FGV não costuma construir armadilhas para prejudicar candidatos, inserindo dados inúteis no enunciado. Por isso, deve-se ler com muita atenção e mais de uma vez. A análise, que exige muita agudeza, envolve interação entre o examinando, o texto fornecido pela banca e o conteúdo jurídico a ser aplicado (normas jurídicas, jurisprudência, doutrina etc.). O examinando deve fazer especulações, a fim de obter a resposta correta para o caso proposto. Se o examinando não compreende o enunciado, é pouco provável que se saia bem no exame.

2.2 DOMÍNIO E CONSISTÊNCIA DE CONTEÚDO

O examinando deve dominar o conteúdo da matéria jurídica relativa à sua área de sua opção e encontrar a correta solução para o conflito apresentado no enunciado da prova. Deve fundamentar as respostas com base nas normas legais, nos princípios, na doutrina e na jurisprudência. Não cabe fazer suposições; ao contrário, exigem-se respostas decisivas, baseadas nos elementos fáticos fornecidos pela banca examinadora. Deve-se apresentar tantos fundamentos quantos forem precisos para responder à questão. Havendo mais de um fundamento cabível, deve-se abordar todos. O examinando, estando ou não preparado para o exame, conta a seu favor com a possibilidade de consulta, o que o permite encontrar respostas mesmo sem ter estudado com afinco. Nessa hora da prova, o "saber procurar" no *vade mecum* tem um valor inestimável.

2.3 CONHECIMENTO DAS REGRAS PROCESSUAIS PERTINENTES

O examinando deve dominar também as regras do direito processual correspondente à sua área de opção (Direito Processual Civil, Direito Processual Penal, Processo do Trabalho). O conhecimento das regras de procedimento é essencial para a elaboração das peças prático-profissionais. Em geral, a banca exige, em cada questão discursiva, pelo menos um item referente à matéria processual.

2.4 DOMÍNIO DO RACIOCÍNIO JURÍDICO

A solução apresentada pelo examinando à situação-problema deve resultar de um raciocínio jurídico lógico e coerente. O candidato deve saber raciocinar segundo os princípios da lógica e da dialética e concluir de forma lógica sobre a fundamentação desenvolvida. As ideias devem ser expostas de forma organizada, sem contradição. Não se admite fazer uma afirmação e concluir de forma oposta.

2.5 DOMÍNIO DA TÉCNICA PROFISSIONAL

É preciso empregar o vocabulário jurídico adequado, sem exageros, mas também sem ser muito simplório. Além disso, o examinando deverá estruturar e elaborar a peça prático-profissional segundo as exigências das normas processuais, no formato convencional adotado na prática jurídica. Por se tratar de uma prova de natureza prática, conforme o próprio nome revela (prova prático-profissional), o mais importante é saber solucionar os casos práticos propostos pela banca examinadora. Esse conteúdo será melhor abordado no item específico sobre o tema.

2.6 DOMÍNIO DA NORMA CULTA DA LÍNGUA ESCRITA

O examinando deve apresentar conhecimento de regras da Língua Portuguesa, notadamente de ortografia, acentuação, pontuação, crase, concordância nominal e verbal, regência nominal e verbal. Além disso, deve estar atento aos princípios fundamentais do texto: clareza, coesão, concisão, coerência, paralelismo, os quais serão abordados no item específico sobre o tema.

2.7 ADEQUAÇÃO AO PROBLEMA PROPOSTO

O examinando não deve se distanciar do problema proposto. Deve desvendar a peça processual e responder às questões, dando-se-lhes as possíveis e adequadas soluções para o problema proposto, conforme o padrão de resposta apresentado pela banca examinadora. Deve ainda desenvolver argumentos que, de fato, apresentem pertinência com o caso em análise. Não são cabíveis suposições, opiniões pessoais nem restrições e extrapolações de pensamento. Será considerada adequada a peça que esteja em conformidade com a solução indicada no padrão de resposta da prova, e a resposta da questão que esteja coerente com a situação proposta.

2.8 RESPOSTAS QUE REFLITAM A JURISPRUDÊNCIA PACIFICADA DO SUPREMO TRIBUNAL FEDERAL E DOS TRIBUNAIS SUPERIORES

O examinando deve fundamentar as respostas não somente com base na norma jurídica, mas também de acordo com a jurisprudência atualizada e pacificada dos Tribunais. Para isso deve estar atento às recentes decisões dos Tribunais, pois não é permitido consulta aos textos informativos, mas apenas às súmulas, enunciados e orientações jurisprudenciais contidas no *vade mecum*. Ao citar jurisprudência ou súmula, você deve ligar os fatos ao teor do julgado, demonstrando porque ele se aplica ao caso em questão.

3
DAS POSSÍVEIS PENALIDADES

O examinando, ao realizar a prova, deverá ficar atento a certos aspectos exigidos pela banca examinadora, sob pena de sofrer penalidades, algumas mais brandas, como a redução da nota, outras mais graves, como a eliminação sumária do certame.

Vejamos as exigências formais previstas no edital:

3.1 ANULAÇÃO DA PROVA E ELIMINAÇÃO SUMÁRIA DO CANDIDATO

A FGV preza pela lisura do exame, por isso repudia qualquer ato que possa indicar a tentativa de identificação na prova. Tal rigor visa evitar fraudes na prova, o que é muito salutar tanto para a banca quanto para os candidatos.

Por isso, é de rigor o examinando evitar o seguinte:

- **Assinatura ou rubrica fora da capa do caderno:** o examinando deverá apor o nome exclusivamente na capa do caderno no local previamente determinado para esse fim e jamais rubricar as folhas da prova.

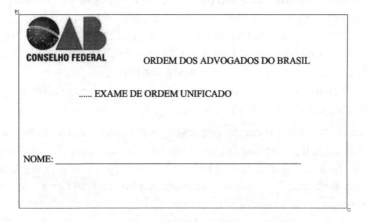

- **Palavra ou marca identificadora no espaço destinado à transcrição dos textos definitivos:** o examinando não pode fazer qualquer rabisco ou desenho fora das pautas destinadas às respostas nem nas margens do caderno de prova. Marcas identificadoras, rabiscos, desenhos podem ser interpretados como tentativa de identificação na prova e podem acarretar a eliminação sumária do candidato.

> Ato complexo é aquele cujo conteúdo resulta da manifestação de um só órgão, mas a sua edição e produção dos seus efeitos depende de um outro ato que o aprove que decorre da manifestação de vontade de dois ou mais diferentes órgãos ou autoridades e, somente assim, alcança a perfeição.

3.2 NOTA ZERO

O examinando poderá obter nota zero:

- **Se não for atendido ao conteúdo avaliado:** o examinando deve apresentar respostas de acordo com o caderno de respostas e não se afastar da proposta apresentada pela banca examinadora.

- **A ausência de texto:** o examinando obterá nota zero na questão que deixar de responder.

- **Se os textos não forem escritos na forma manuscrita (à mão), com caneta esferográfica azul ou preta:** por certo, as respostas serão manuscritas, já que não é permitido o uso de notebooks. Mas só é permitido preencher a prova com caneta, esferográfica azul ou preta. A recomendação é no sentido de levar mais de uma caneta com tubo transparente. Use, de preferência e se possível, apenas uma cor de caneta na prova. A mudança de cor no decorrer da prova pode ser interpretada como tentativa de identificação. Portanto, é importante o candidato se precaver e levar mais de uma caneta da mesma cor.

- **Se a letra for ilegível:** não é necessário ter letra bonita. O importante é que a letra seja legível e permita a compreensão do texto. O examinador não é decifrador de letras nem tradutor de palavras. Ele não perde tempo com letras ilegíveis. Qualquer palavra ou letra não decifrada será desconsiderada ou poderá sofrer desconto na pontuação. É possível fazer letra cursiva ou de forma. Se o candidato optar pela letra de forma, é preciso saber diferenciar as maiúsculas das minúsculas e distinguir os acentos. Optando pela letra cursiva, é preciso distinguir as letras m/n, u/n, g/q etc., para não confundir o examinador e evitar redução na pontuação.

3 • DAS POSSÍVEIS PENALIDADES

- **Se, quando exigida a assinatura, contiver outro texto que não seja a palavra "ADVOGADO...":** essa exigência visa evitar a identificação do examinando na prova. Afora o nome aposto na capa do caderno, a assinatura somente é exigida no final das peças prático-profissionais. Mas essa assinatura é hipotética, por isso, não se deve inserir o nome próprio ou a assinatura na peça; use apenas as palavras "advogado" e "OAB" seguidas de reticências ou de XXX, conforme permitido pelo edital. Prefira as reticências, pois são menos poluentes:

> ADVOGADO...
>
> OAB...
>
> ADVOGADO XXX
>
> OAB...

- **Propositura de peça inadequada para a solução do problema proposto, conforme padrão de resposta da prova:** o examinando deverá acertar o nome jurídico da peça (*nomen iuris*) e também mencionar o fundamento legal que justifique a escolha. Assim, se o examinador pretender que o examinando elabore uma contestação e ele fizer uma apelação, será atribuída nota zero, o que conduzirá à eliminação no exame. Lembre-se que a peça vale cinco pontos do total de dez, e o mínimo exigido para a aprovação são seis pontos. Para cada peça processual ou para cada situação jurídica posta pelo examinador há um fundamento legal específico.

- **Se não for observada a ordem de transcrição das respostas:** você pode responder às questões na ordem de sua preferência, ou seja, poderá iniciar pela mais fácil, pela mais complexa, pela peça, de acordo com sua livre escolha. No entanto, deverá transcrever as respostas na ordem estabelecida pela banca no caderno específico para esse fim. Assim, no espaço reservado à peça prático-profissional deverá ser elaborada a peça; no local destinado à questão um deverá ser respondida a questão um, e assim por diante. Se porventura houver a troca da ordem de transcrição, será obtida nota zero naquela questão trocada. Caso você perceba o erro no momento da escrita, fica fácil: é só passar um traço simples por cima e lançar o novo texto. Todavia, caso perceba tardiamente, resta lamentar, pois não haverá meios para a correção. Não cabe indicar com setas ou com frases o item correto, sob pena de ser interpretado como tentativa de identificação.

- **Se não for especificado o item do enunciado a que se refere a resposta da questão (A) (B) (C):** os enunciados das provas são numerados com os ordinais 1, 2, 3, 4, e podem conter mais de uma indagação, representadas por alíneas (A, B, C). É importante especificar não somente o número do enunciado, mas também o item da questão:

```
1-A [...]
1-B [...]
2-A [...]
2-B [...] etc.
```

3.3 DESCONTOS NA PONTUAÇÃO

Haverá descontos na pontuação nos seguintes casos:

- **Omissão de dados legalmente exigidos ou necessários e/ou fornecidos para a solução do problema proposto:** a peça deve conter todos os dados exigidos nas leis processuais. Na petição inicial, por exemplo, os dados exigidos são: endereçamento, qualificação das partes (nome, prenome, estado civil, endereço etc.), fatos, fundamentos jurídicos (ou fundamentos de direito), pedido, protesto por produção de provas, opção pela realização de audiência de conciliação ou de mediação, valor da causa e fecho. Portanto, mesmo que o enunciado omita um item, o nome do dado deve ser incluído seguido de reticências ou de XXX.

Vejamos um exemplo em que foi fornecido no enunciado apenas o nome (Marcelo) e a profissão (engenheiro). Com a omissão, ficaria assim a redação:

```
Marcelo..., estado civil..., engenheiro..., CPF..., endereço eletrônico em... residente e domiciliado na...
```

Para atribuir a pontuação, o examinador trabalha com o sistema de "checklist", ou seja, compara a prova do examinando com a folha de respostas. Os itens coincidentes serão pontuados. Portanto, é importante incluir o maior número de itens possíveis de serem encontrados na listagem da banca examinadora. O excesso não prejudica a nota, salvo quando se tratar de inserção de dados fictícios não contidos no enunciado. A falta de dados obrigatórios, sim, prejudica o candidato.

- **Inclusão de dados fictícios não contidos no enunciado:** esse item praticamente repete o anterior pela via oposta. A peça deve conter todos os dados legalmente exigidos. Contudo, não é permitido especificar um dado não fornecido pela banca, nem deixar de citar os por ela fornecidos. Se a banca não especifica o estado civil, por exemplo, não cabe ao examinando imaginar que a parte seja solteira. Deve, como no exemplo acima, indicar o dado seguido de reticências ou de XXX.

3.4 NÃO CONFERE PONTUAÇÃO

O examinando não obterá qualquer pontuação por:

- **Qualquer fragmento de texto escrito fora do local apropriado:** o examinando não deve ultrapassar a extensão das linhas, mesmo que elas sejam insuficientes para preencher a resposta. Não prolongue a frase para além das margens, superior, inferior ou laterais. Eventuais palavras escritas além da margem não serão consideradas. Além disso, há o risco de serem interpretadas como uma tentativa de identificação na prova.

> ....O pedido de Fulano de Tal está em consonância com a jurisprudência do Superior Tribunal de justiça, que assegura que...

- **Qualquer fragmento de texto que ultrapassar a extensão máxima permitida:** 150 é o número máximo de linhas para a elaboração da peça, e 30, para a resposta de cada questão discursiva. Aquilo que ultrapassar o número máximo permitido não será considerado e pode ser interpretado como tentativa de identificação na prova. A banca não exige o número mínimo de linhas, apenas o máximo.

- **Mera menção ou transcrição do dispositivo legal:** não basta mencionar ou transcrever o dispositivo legal para fundamentar a resposta. É preciso mencionar, seja de forma direta, citando-o entre aspas duplas, seja de forma indireta, reescrevendo o dispositivo com palavras próprias. Além disso, é necessário fazer a adequação do fato descrito no enunciado ao ato normativo citado. Veremos isso com mais detalhes no capítulo referente aos fundamentos jurídicos.

Agora que você já conhece as exigências do edital, as penalidades, a forma de pontuação e outros detalhes importantes, vamos prosseguir com detalhes sobre a preparação para o dia da prova.

4
PREPARAÇÃO PARA A PROVA

4.1 COMO PODE SER MARCADO O VADE MECUM

É PERMITIDO	É PROIBIDO
Simples utilização de marca texto, traço ou simples remissão a artigos ou a lei.	Utilização de marca texto, traços, símbolos, *post-its* ou remissões a artigos ou a lei de forma a estruturar roteiros de peças processuais e/ou anotações pessoais.
Separação de códigos por clipes.	Utilização de notas adesivas manuscritas, em branco ou impressas pelo próprio examinando.
Utilização de separadores de códigos fabricados por editoras ou outras instituições ligadas ao mercado gráfico, desde que com impressão que contenha simples remissão a ramos do Direito ou a leis.	Utilização de separadores de códigos fabricados por editoras ou outras instituições ligadas ao mercado gráfico em branco.

4.2 SELEÇÃO DO MATERIAL PARA A PROVA

O anexo III do Edital, quase sempre esquecido pela maioria dos candidatos, prevê os materiais e os procedimentos permitidos e proibidos para consulta.

Veja, no quadro abaixo, de forma detalhada, o que é permitido e o que é proibido levar no dia da prova.

Vejamos:

É PERMITIDO	É PROIBIDO
Legislação não comentada, não anotada e não comparada.	Legislação comentada, anotada ou comparada.
Códigos, inclusive os organizados que não possuam índices estruturando roteiros de peças processuais, remissão doutrinária, jurisprudência, informativos dos tribunais ou quaisquer comentários, anotações ou comparações.	Códigos comentados, anotados, comparados ou com organização de índices estruturando roteiros de peças processuais.
Súmulas, Enunciados e Orientações Jurisprudenciais, inclusive organizados, desde que não estruturem roteiros de peças processuais.	Súmulas, Enunciados e Orientações Jurisprudenciais comentados, anotados ou comparados.

É PERMITIDO	É PROIBIDO
Leis de Introdução dos Códigos.	Livros de Doutrina, revistas, apostilas, calendários e anotações.
Instruções Normativas.	Informativos de Tribunais.
Índices remissivos, em ordem alfabética ou temáticos, desde que não estruturem roteiros de peças processuais.	Anotações pessoais ou transcrições.
Exposição de Motivos.	Impressos da Internet.
Regimento Interno.	Dicionários ou qualquer outro material de consulta.
Resoluções dos Tribunais.	Jurisprudências.
Simples utilização de marca texto, traço ou simples remissão a artigos ou a lei.	Utilização de marca texto, traços, símbolos, *post-its* ou remissões a artigos ou a lei de forma a estruturar roteiros de peças processuais e/ou anotações pessoais.
Separação de códigos por clipes.	Utilização de notas adesivas manuscritas, em branco ou impressas pelo próprio examinando.
Utilização de separadores de códigos fabricados por editoras ou outras instituições ligadas ao mercado gráfico, desde que com impressão que contenha simples remissão a ramos do Direito ou a leis.	Utilização de separadores de códigos fabricados por editoras ou outras instituições ligadas ao mercado gráfico em branco.
	Cópias reprográficas (xerox).

Para auxiliar a consulta, é permitida a separação de códigos por clipes ou utilização de separadores de códigos fabricados por editoras ou outras empresas do mercado gráfico, desde que a impressão contenha apenas remissão a ramos do Direito ou a leis.

Também são permitidas as remissões feitas pelo próprio examinando, desde que seja para referenciar assuntos isolados, vedada a escrita de palavras ou quaisquer outros símbolos que configurem a estrutura de uma peça jurídica.

Permite-se também a consulta a índices remissivos, em ordem alfabética ou por temas, desde que não configure a intenção do examinando de articular um roteiro para facilitar a elaboração de peças processuais.

5
DIA DA PROVA

5.1 COMO DEVE O EXAMINANDO PROCEDER NO DIA DA PROVA:

- **O que levar:** chegado o grande dia, paramente-se para a prova. Organize o material antecipadamente. O primeiro item a ser incluído é o *vade mecum*. Sem ele é pouco provável que o examinando alcance aprovação. Inclua também os documentos de identificação pessoal, sem os quais não é possível realizar a prova. Não se esqueça também de levar mais de uma caneta esferográfica preta ou azul, com tubo transparente, uma garrafa de água, um lanche leve e um lanche calórico, como um chocolate ou um sanduíche, em caso de necessidade.

- **Estado de espírito:** na hora da prova, leve uma boa dose de otimismo e tente manter a calma. Leia com atenção, por mais de uma vez, o enunciado da peça e das questões. Colha atenciosa e criteriosamente os dados para a resolução da prova. Não deixe de ir ao banheiro em caso de necessidade, nem mesmo a pretexto de ganhar tempo. Isso pode prejudicar a concentração. Aproveite esse tempo para descansar e fazer o lanche. Depois, volte a fazer a prova com tranquilidade.

- **Caderno de rascunhos:** é de preenchimento facultativo: ele não tem qualquer valor para efeito de avaliação, podendo ser levado com o examinando. O caderno de textos definitivos é o único válido para a avaliação da prova. A vantagem do rascunho é entregar uma prova limpa, sem rasuras, bem apresentável. A desvantagem é que o rascunho corresponde praticamente a fazer duas provas e pode faltar tempo hábil para passar a prova a limpo. Daí o risco de ter que entregar a prova pela metade, caso falte tempo para a tarefa. Fazer rascunho exige o fator tempo. Portanto, ninguém melhor que você para saber se deve ou não fazer o rascunho, a depender do quanto você sabe de conteúdo e da sua celeridade na resolução das questões. Caso opte pelo rascunho, utilize-o apenas para fazer o esqueleto da peça. Não há tempo hábil para elaborar uma peça inteira no rascunho e transcrevê-la para o caderno de texto definitivo. Uma boa dica é usar o esqueleto enquanto se faz a leitura do enunciado, para lançar os tópicos e subtópicos a serem abordados na peça.

5.2 EXEMPLO DO QUE ANOTAR NO CADERNO DE RASCUNHOS:

> Contestação:
>
> Processo em curso?
> Vara...
>
> Autor: João
> Ré: Empresa X
>
> Local do serviço: Recife
>
> Preliminar de ilegitimidade passiva
>
> Horas extras
>
> Adicional noturno
>
> Carga horária
>
> Insalubridade
>
> Danos morais

- **Gestão do tempo:** gerencie bem o tempo de realização da prova. Procure dividir o tempo de forma proporcional, de acordo com a quantidade e complexidade das questões. A FGV não exige o mínimo de linhas, apenas o máximo, ou seja, 150 linhas para a peça e 30 linhas para cada questão discursiva.

- Responda de forma objetiva tudo o que sabe sobre a questão. Quanto mais informação você acrescentar, mais chance terá de obter melhor pontuação. Responder apenas uma linha, por exemplo, reduz a sua chance de ganhar pontos ou décimos de ponto que podem fazer diferença ao final.

- **Uma dica útil:** Não perca tempo procurando um dispositivo legal que não esteja conseguindo encontrar. A ansiedade sempre atrapalha. Caso já tenha iniciado a resposta da questão e não encontre o dispositivo adequado, deixe um espaço em branco para preencher depois, e prossiga na resposta. Se sobrar tempo, procure o dispositivo e, caso o encontre, preencha a lacuna. Do contrário, deixe o espaço em branco. É melhor perder décimos de ponto pela norma que deixou de mencionar que perder a pontuação de uma questão inteira que deixou de responder por falta de tempo.

5.3 SEGUEM ABAIXO TRÊS POSSIBILIDADES DE GERENCIAMENTO DO TEMPO. ESCOLHA A QUE MELHOR ATENDA ÀS SUAS NECESSIDADES.

TEMPO TOTAL	5 horas
PEÇA	QUESTÕES
3 horas	30 minutos cada
2 horas	45 minutos cada
1 hora	1 hora cada

A primeira alternativa é a que parece mais adequada, pois três horas para a elaboração da peça é tempo bem razoável; e trinta minutos é tempo suficiente para responder uma questão, já computado o tempo de procura da resposta e de eventual rascunho. Muitas vezes, nem será necessário gastar os trinta minutos inteiros em cada questão, o que fará sobrar tempo para utilizar na elaboração da peça.

6
DA PETIÇÃO JURÍDICA: ASPECTOS FORMAIS

6.1 ESTÉTICA TEXTUAL

Não basta que a peça esteja bem fundamentada. É preciso estar bem estruturada e esteticamente aceitável. Uma peça elaborada com os rigores da estética agrada o examinador e tende a levá-lo a ser menos rigoroso na correção. Para caprichar na estética, a padronização ajuda muito. Os itens abaixo auxiliam na tarefa de deixar o texto visualmente bonito e agradável de ler.

Outro ponto a ser considerado na estética textual é a letra, que será abordada no item a seguir.

6.2 LETRA

A letra não precisa ser bonita, mas sim legível, para permitir a compreensão do texto. Como já mencionado, é possível fazer letra cursiva ou de forma. Se o examinando opta pela letra de forma, é preciso diferenciar as maiúsculas das minúsculas e distinguir os acentos. Optando pela letra cursiva, é preciso distinguir as letras m/n, u/n, g/q etc., para não confundir o examinador e evitar redução na pontuação. Nos tópicos em que se recomenda o emprego de caixa alta, deve-se usar a letra de forma de mesmo tamanho, sem distinção entre maiúsculas e minúsculas.

6.3 PARAGRAFAÇÃO

O texto deve ser dividido em parágrafos, indicados com o tradicional recuo de margem. Não existe regra específica sobre o tamanho do recuo. Basta que se identifique certo distanciamento da margem. Um ou dois centímetros são suficientes para o recuo. Quanto maior for o recuo, mais espaço se perde nas linhas. Deve-se economizar espaço para a resposta das questões. O importante é usar o mesmo recuo em todos os parágrafos. É importante padronizar também o tamanho dos parágrafos, entre 4 e 6 linhas cada um. Eles podem ser divididos em dois, se for preciso, pois parágrafos muito grandes, embora não proibidos, são cansativos.

> Tratando-se de imperativo legal, consoante determina o art. 13, *caput*, da Lei nº 8.245/91 (Lei de Locações), e havendo disposição expressa no contrato, não se admite a hipótese de consentimento tácito do locador quanto à sublocação do imóvel realizada pelo locatário a adquirente do fundo de comércio.
>
> Constatada a sublocação do imóvel sem a prévia anuência do locador, em afronta à cláusula contratual e à norma cogente, bem como a ausência de responsabilidade da sublocatária – adquirente do fundo de comércio – pelos aluguéis vencidos antes do trespasse, impõe-se a manutenção da condenação do locatário ao pagamento dessas parcelas.

6.4 MARGEM

As respostas da prova devem estar dentro das margens. Não se pode, em nenhuma hipótese, ultrapassá-las. Tudo o que estiver além da margem será desconsiderado. Também não se deve finalizar a frase antes de chegar à margem, a menos que o raciocínio esteja concluído. Isso transmite insegurança e pode passar a impressão de que o examinando não sabe fazer a translineação (corte da palavra ao final da linha). Outro ponto importante é não ultrapassar o número de linhas fornecido pela banca.

> .....O pedido de Fulano de Tal está em consonância com a jurisprudência do Superior Tribunal de Justiça, que assegura que...

6.5 TRANSLINEAÇÃO

Translineação é o "ato de passar de uma linha para a outra, na escrita ou na impressão, ficando parte da palavra na linha superior e o resto na seguinte" (Houaiss).

Em outras palavras, é o corte de uma palavra no final da linha para ajustá-la ao espaço disponível.

Em textos manuscritos essa é uma preocupação a mais da redação, o que não acontece quando escrevemos em computadores já que, nesse caso, há os editores de texto que ajustam automaticamente os espaços entre as palavras.

A nossa preocupação, portanto, é com as provas manuscritas, pois o candidato pode perder valiosos pontos se não souber translinear.

- O que devemos então observar ao fazer a quebra de uma palavra ao final da linha?

Seguem alguns detalhes importantes:

1. a linha divisória pode ficar à frente ou sob a palavra, mas sempre dentro da margem:

Transli-neação ou Transli neação

2. Deve-se dar atenção às regras de divisão silábica da língua portuguesa (ditongos, dígrafos, hiatos etc.):

ve-nha – cor-rei-ção – ma-té-ria

3. Se o corte da palavra coincidir com a posição de um hífen, deve-se empregar o sinal do hífen em ambas as linhas (no fim da linha anterior e no início da posterior) (exigência do Novo Acordo Ortográfico da Língua Portuguesa):

anti- -inflamatório – interpretá- -los – deixe- -me

O médico do hospital teve que prescrever um anti-
inflamatório para a paciente.

Teremos que, com esforço e dedicação, interpretá-
los para descobrir os seus reais significados.

4. Deve-se evitar o corte em sílaba que pode formar palavras indesejadas (obscenas, ridículas, estranhas ou com uma vogal órfã):

cú-mulo - acu-mula – presi-dente - res-salvada – ad-mito – e-conomia – meio-o – a-pós

5. Na translineação das palavras estrangeiras, deve-se obedecer às regras do idioma de origem.

Talk-ing

6.6 TÍTULOS E SUBTÍTULOS

A peça pode ser escrita em corpo único, quando for pequena, ou em capítulos, quando for extensa e houver necessidade de destacar vários elementos como "pedido de liminar", "justiça gratuita", "preliminares" "mérito". Se for escrita em capítulos, estes deverão ser divididos em títulos e subtítulos. Os títulos e subtítulos trazem economia de palavras, como veremos em capítulo à parte. Havendo títulos, pode-se usar a numeração primária com cardinais seguidos de ponto (1. 2. 3.). Havendo subtítulos, pode-se usar a numeração secundária, também com cardinais seguidos de ponto 1.1. 1.2. 2.1. E assim por diante.

Essa prática não é obrigatória, é apenas uma orientação. O examinando pode também usar letras: a), b), c); pode usar numeração simples; pode não usar numeração etc., desde que deixe clara a separação dos tópicos.

A peça dividida em tópicos fica mais organizada e permite identificar facilmente os itens abordados.

> 1. DOS FATOS: [...]
> 2. DOS FUNDAMENTOS JURÍDICOS:
> 2.1. Do pedido de justiça gratuita: [...]
> 2.2. Da preliminar de cerceamento de defesa: [...]
> 2.3. Do mérito: [...]
> 3. DO PEDIDO:

6.7 ESPAÇAMENTO ENTRE ITENS

Se a peça for dividida em capítulos, o que é recomendado para conferir mais clareza e compreensão dos temas abordados, não é preciso deixar linhas em branco entre um item e outro. É importante, como já frisamos, economizar o máximo de linhas possível.

6.8 FLEXÃO DE GÊNERO

O examinando deve ficar atento para o nome das partes litigantes, se feminino ou masculino e flexionar o gênero ao longo da peça de acordo com a pessoa. Isso demonstra atenção e cuidado com o texto.

Flexiona-se no feminino: nomes de mulher, empresas, associações, seguradoras, imobiliárias, funerárias, clínicas etc.

Flexiona-se no masculino: nomes de homem, bancos, sindicatos, planos de saúde, hospitais etc.

6.9 RASURAS

Não é permitido fazer borrões na prova. Quando se percebe o erro, deve-se passar um traço simples por cima da palavra errada e prosseguir normalmente. Jamais se deve escrever sobre ou sob a palavra errada.

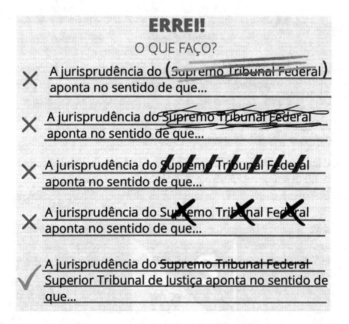

Se errar um parágrafo inteiro e ainda houver linhas de sobra, é possível riscá-lo por completo com um traço simples e recomeçar em seguida a responder da forma que considerar correta.

> *Ato complexo é aquele* ~~cujo conteúdo resulta da manifestação de um só órgão, mas a sua edição ou a produção de seus efeitos depende de um outro ato que o~~ *aprove que decorre da manifestação de vontade de dois ou mais diferentes órgãos ou autoridades e, somente assim, alcança a perfeição.*

Se não houver linhas de sobra, não há o que ser feito, infelizmente.

Para exemplificar, segue o esqueleto de uma peça com a padronização acima mencionada:

AO ... JUIZADO ESPECIAL CÍVEL DA COMARCA DO RIO DE JANEIRO

MARCELO..., estado civil..., engenheiro, CPF n..., endereço eletrônico..., residente e domiciliado na... (endereço completo), vem, perante esse Juízo, por intermédio de seu advogado (procuração anexa), com fundamento nos arts. 18, *caput*, e § 1º, do Código de Defesa do Consumidor, c/c o art. 300 do Código de Processo Civil, ajuizar

AÇÃO DE OBRIGAÇÃO DE FAZER

COM PEDIDO DE TUTELA DE URGÊNCIA

contra a empresa G. S/A., CNPJ n..., devidamente representada por..., endereço eletrônico em..., com sede na cidade de São Paulo, no endereço... pelas razões de fato e de direito a seguir expostas.

1. DOS FATOS: [...]

2. DOS FUNDAMENTOS DE DIREITO [...]

2.1. Da justiça gratuita: [...]

2.1. Da tutela de urgência: [...]

2.2. Do mérito: [...]

3. DO PEDIDO: [...]

Nesses termos,

pede deferimento.

Local..., data...

ADVOGADO...

OAB...

7
PRINCÍPIOS FUNDAMENTAIS DO TEXTO

Todo texto, seja ele narrativo, descritivo ou dissertativo, seja técnico, científico ou literário, deve respeitar alguns princípios fundamentais.

Vejamos quais são eles.

7.1 OBJETIVIDADE

Ser objetivo é ir direto ao ponto; é escrever sem delongas ou rodeios; é ser exato e eficaz na comunicação.

Vai elaborar uma contestação? Vá direto ao ponto: ao narrar os fatos, diga logo que se trata de uma contestação. Evite iniciar a narrativa com os fatos descritos na petição inicial.

> O réu fulano oferece a presente contestação ao pedido inicial formulado pelo autor sicrano

Vai elaborar um recurso? Diga logo que se trata de um recurso (apelação, agravo etc.), quem é o recorrente e contra que tipo de decisão se recorre.

> O réu fulano foi condenado por sentença ao pagamento de R$5.000,00 a título de danos materiais em decorrência da ação de reparação de danos ajuizada por sicrano...

7.2 IMPESSOALIDADE

Um dos principais atributos das petições jurídicas é a impessoalidade, cuja principal característica é o uso do verbo na terceira pessoa, do singular ou do plural, a depender do número de partes no polo da demanda.

A terceira pessoa refere-se à(s) pessoa(s) de quem o advogado fala na peça, ou seja, o(s) autor(es), no polo ativo, ou o(s) réu(s) no polo passivo.

Por isso, deve-se usar os verbos na terceira pessoa e evitar o emprego de orações em primeira pessoa como: a meu ver, eu penso, eu acho, eu considero, eu entendo.

As expressões em primeira pessoa deixam sempre a impressão de que o argumento é fruto da opinião pessoal do examinando quando, ao que se sabe, os argumentos devem ser lançados de forma peremptória, como se fossem verdades absolutas e universais, a fim de convencer o examinador.

Portanto, o examinando não se deve incluir na história. Deve-se sempre redigir como se estivesse falando de alguém, do cliente hipotético (ele ou ela). Deve-se também evitar adjetivações desnecessárias ou críticas a quem quer que seja.

Não faça assim	Faça assim
A meu ver, a cobrança desse percentual é abusiva.	A cobrança desse percentual é abusiva.
Entendo que não se aplica ao caso o art. 7º...	Não se aplica ao caso o art. 7º...
Considero não ter havido descumprimento contratual	Não houve descumprimento contratual.
Penso que o juiz interpretou equivocadamente a norma legal	O juiz interpretou equivocadamente a norma legal.

7.3 CLAREZA

Para ser claro é preciso escrever de forma simples, sem rebuscamentos, sem palavras difíceis ou exageros; é escrever de preferência na ordem direta, antepondo o sujeito ao predicado; é eliminar as ambiguidades, isto é, as afirmações de duplo sentido ou de dupla interpretação. É, ainda, ter uma letra legível, que permita a compreensão do texto por parte do leitor. Deve-se também evitar ser muito explicadinho e escrever muito por achar que o examinador não vai entender o que se está dizendo. Quem explica demais demonstra insegurança.

Escrever não é complicado. É só deixar claro para o leitor, a cada frase, oração ou período, de que ou de quem se está falando. Para isso, é previdente colocar a coisa ou a pessoa de quem se fala no início da frase e na frente do verbo.

Não faça assim	Faça assim
Serão realizados nos prazos prescritos em lei os atos processuais.	Os atos processuais serão realizados nos prazos prescritos em lei.
Se inexistente requisito de admissibilidade não se deve conhecer do recurso.	O recurso não será conhecido quando inexistente requisito de admissibilidade.

São formas simples de conferir clareza ao texto, entre outras:

- Construir as orações na ordem direta dispondo os termos na seguinte sequência: sujeito + verbo + complementos;

7 • PRINCÍPIOS FUNDAMENTAIS DO TEXTO

- Evitar distanciar o sujeito do predicado;
- Deixar os advérbios, adjetivos e adjuntos adverbiais próximos aos termos a que se referem ou que modificam e evitar deslocações que possam modificar o contexto ou tornar a frase ambígua;
- Priorizar as orações coordenadas em detrimento das subordinadas;
- Evitar o uso excessivo de orações subordinadas;
- No período composto por subordinação, iniciar o parágrafo, sempre que possível, com a oração principal, deixando a subordinada no final;
- No período composto por subordinação, preferir as orações reduzidas às desenvolvidas;
- Preferir as frases afirmativas às negativas;
- Encurtar trechos muito longos com pontos, a fim de facilitar a compreensão;
- Empregar o tempo verbal de forma uniforme em todo o texto;
- Preferir a frase na voz ativa;
- Escrever para o leitor e não para si mesmo.
- Iniciar o texto pela regra, não pela exceção:

EM VEZ DE DIZER	DIGA
Exceto a tutela de urgência, não serão praticados atos processuais durante as férias forenses.	Nas férias forenses somente serão praticados atos processuais referentes à tutela de urgência.
Exceto quando o citando for incapaz ou pessoa jurídica de direito público, a citação será feita pelos correios.	A citação será feita pessoalmente quando o citando for incapaz ou pessoa de direito público.
Com exceção das pessoas incapazes, impedidas ou suspeitas, podem depor como testemunhas as demais pessoas.	Podem depor como testemunhas todas as pessoas, exceto as incapazes, impedidas ou suspeitas.
Exceto se houver convenção em contrário, o contrato de depósito é gratuito.	O contrato de depósito é gratuito, exceto se houver convenção em contrário.
Excepcionalmente, quando houver interesse público, os atos processuais poderão ser realizados fora da sede do juízo.	Os atos processuais realizar-se-ão ordinariamente na sede do juízo e excepcionalmente, fora dele, quando for de interesse público.
Exceto quando a ação de usucapião tiver por objeto unidade autônoma de prédio em condomínio, os confinantes serão citados pessoalmente.	Na ação de usucapião de imóvel, os confinantes serão citados pessoalmente, exceto quando tiver por objeto unidade autônoma de prédio em condomínio.

A linguagem jurídica não deve ser rebuscada nem muito simplória. O autor deve-se distanciar sempre que possível da linguagem coloquial e procurar um vocabulário mais apurado, sem enfeites.

Abaixo, seguem alguns exemplos de como se pode melhorar a linguagem do texto jurídico, substituindo expressões muito coloquiais por outras menos informais.

EM VEZ DE	USE
Batida de carro.	Colisão de veículo.
Ele tem o costume de furtar coisas.	Ele possui a prática de subtrair objetos.
O autor ganhou a ação.	O autor foi vitorioso na ação.
O réu perdeu a ação.	O réu foi derrotado (ou vencido) na ação.
Ela falou que não tinha terminado o serviço.	Ela disse que não havia concluído (ou finalizado) a tarefa.
Falaram que o atropelamento foi de propósito.	Disseram que o atropelamento foi proposital.
Ele garantiu que fez aquilo sem querer.	Ele garantiu que sua atitude foi involuntária.
A audiência começou às 14h.	A audiência iniciou-se (ou teve início) às 14h.
A audiência terminou às 18h.	A audiência encerrou-se (ou foi encerrada) às 18h.
Antonino foi flagrado pulando o muro.	Antonino foi surpreendido escalando o muro.
O juiz concordou em adiar a audiência.	O juiz assentiu em adiar a audiência.
O juiz errou.	O juiz equivocou-se.
Ele tem medo de ser descoberto.	Ele receia ser descoberto.
Não dá para medir o prejuízo sofrido.	Não se consegue mensurar o prejuízo sofrido.
O réu pede a diminuição da pena.	O réu requer a redução da pena.
O produto é muito caro.	O produto possui preço elevado.
Ele gastou muito com a realização da obra.	A obra foi muito dispendiosa.
Ele comprou uma moto.	Ele comprou uma motocicleta.
Eles fizeram um pega.	Eles participaram de um racha.
Ele passou no concurso e espera sair o diploma.	Ele foi aprovado no concurso e aguarda a expedição do diploma.
Ela fez isso por vontade própria	Ele fez isso voluntariamente.
Os honorários vão ser divididos de igual pra igual.	Os honorários serão rateados igualitariamente.
Passaram mais de três anos entre os fatos e a ação.	Transcorreram mais de três anos entre a data dos fatos e a do ajuizamento da ação.
As partes assinaram um contrato de aluguel.	As partes celebraram um contrato de locação.
Os direitos dos velhos têm preferência sobre todos os outros direitos.	Os direitos dos idosos têm absoluta prioridade sobre os demais.

EM VEZ DE	USE
O carro de trás deu uma batida de leve no carro da frente.	O veículo que transitava atrás abalroou a traseira do automóvel da frente.
O juiz chamou a atenção da testemunha na audiência.	O juiz repreendeu a testemunha na audiência.
Ele recebeu a quantia emprestada de volta.	Ele foi restituído do valor do empréstimo.
Eles são tratados de forma diferente por causa da religião	Eles são discriminados em razão de crença religiosa.
A escola dava preferência aos alunos ricos e deixava de lado os mais pobres.	A escola assistia os alunos mais abastados em detrimento dos mais pobres.
Os servidores foram escolhidos sem uma regra específica.	Os servidores foram selecionados sem um critério previamente definido.
Ele ficou livre de ser responsabilizado.	Ele se eximiu da responsabilidade.
O presidente mandou finalizar a sessão.	O presidente deu por encerrada a sessão.
O patrão não pode diminuir o salário do empregado.	O empregador não pode reduzir o salário do empregado.
Ele fez uma cirurgia para reduzir o estômago.	Ele se submeteu a uma cirurgia bariátrica.
Usou o cargo para se beneficiar do dinheiro.	Valeu-se do cargo para lograr proveito próprio.
O preso fugiu, mas foi alcançado pela polícia.	O preso empreendeu fuga, mas foi capturado pela polícia.
O motoqueiro andava sem capacete e casaco do couro.	O motociclista trafegava sem os equipamentos de segurança obrigatórios.
O carro passou no sinal vermelho.	O veículo avançou o sinal vermelho.
A média de idade do grupo é de sessenta anos.	A faixa etária do grupo é de sessenta anos.
O deputado preferiu o filho do ministro do que o servidor competente da Câmara.	O competente servidor da Câmara foi preterido em favor do filho do ministro.
Vamos entrar na justiça porque meu pai precisa de um remédio muito caro.	Vamos ajuizar a ação porque meu pai necessita de um medicamento de alto custo.
Ela sempre apanhava do marido.	Ela era agredida pelo marido constantemente.
Não sabemos o número certo de pessoas que vão receber o auxílio emergencial.	Não é possível estimar o número de pessoas beneficiadas com o auxílio emergencial.
Eles combinaram de dar fim ao vizinho.	Eles arquitetaram um plano para assassinar o vizinho.
Ela precisa ser atendida com urgência porque não pode comer certos alimentos.	Ela necessita de atendimento urgente porque tem restrições alimentares.
O advogado explicou porque não foi na audiência.	O advogado justificou o não comparecimento à audiência
Ele tentou receber o valor pago, mas não conseguiu.	Ele tentou em vão o ressarcimento da quantia paga.
Ela só queria tirar dinheiro dele.	Ela pretendia extorqui-lo.

EM VEZ DE	USE
Pedi dinheiro emprestado à financeira para comprar um carro.	Consegui um financiamento para a aquisição de um veículo.
Vou entrar com uma ação contra a Gol pelo sumiço de minhas malas.	Vou demandar a companhia aérea pelo extravio de minha bagagem.
Ele contou que não o deixaram entrar na sala e que isso o humilhou.	Ele declarou que se sentiu constrangido, pois foi impedido de entrar no recinto.
O motorista que vinha atrás acelerou e deu uma fechada no carro da frente.	O motorista do veículo de trás acelerou e interceptou a passagem do veículo da frente.
Comprei um ar condicionado, mas ele já veio estragado.	Adquiri um aparelho de ar condicionado com defeito.
Os juízes sempre dão preferência às petições mais curtas do que as mais longas.	As petições extensas são preteridas pelos juízes em favor das mais sintéticas.
Ele morreu dois dias atrás.	Ele foi a óbito há dois dias.
João prometeu pagar o aluguel daqui a trinta dias.	João se comprometeu a efetuar o pagamento do aluguel em trinta dias.

7.4 PRECISÃO

A precisão consiste no uso de termos técnicos apropriados. Na redação jurídica, a precisão traduz-se no uso de vocabulário jurídico correto e no respeito aos padrões técnicos e à formalidade. É o que chamamos propriedade vocabular.

O estudante quando acaba de sair da faculdade certamente ainda não domina a linguagem jurídica. Isso é normal, pois o vocabulário jurídico se adquire aos poucos. Mas a norma processual pode ajudar o operador do direito nesse ponto. É só consultá-la, pois ela é o melhor professor. Devemos sempre prestigiar a linguagem do legislador.

Veja como:

A peça é uma contestação e você não sabe qual verbo usar? Procure no índice remissivo "contestação" e verá escrito no art. 335: *O réu poderá* ***oferecer*** *contestação.* Nesse caso, você deve usar o verbo OFERECER para as contestações: *Fulano vem* ***oferecer*** *contestação.*

A peça é uma reconvenção? Procure no índice remissivo "reconvenção" e verá escrito no art. 343: *Na contestação, é lícito ao réu* ***propor*** *reconvenção.* Nesse caso, você deve usar o verbo PROPOR para as reconvenções: *O réu vem* ***propor*** *reconvenção...*

E assim por diante.

O Exame de Ordem serve para avaliar não somente o conteúdo, mas também a capacidade de escrita e a linguagem técnico-jurídica.

A linguagem jurídica deve ser articulada corretamente. Há palavras ou termos jurídicos que possuem nomenclatura específica na legislação ou na doutrina. Enquanto não se consegue memorizar os termos, deve-se pesquisar nas fontes do direito.

Vejamos alguns desses termos:

7.4.1 Verbos apropriados para se referir às ações e aos recursos

AÇÃO / RECURSO / PROCEDIMENTO	VERBO
ação	ajuizar
contestação	oferecer
reconvenção	propor
impugnação	oferecer / apresentar
tutelas de urgência / liminar	requerer a concessão
exceções / incidentes	arguir
preliminares	arguir
denunciação da lide	promover
recursos em geral	interpor
embargos – à execução; – de terceiro; – de declaração(*)	opor
cumprimento de sentença	requerer
conflito de competência	suscitar
incidente de desconsideração da personalidade jurídica	instaurar
requerimentos genéricos	requerer
mandado de segurança / *habeas corpus* / *habeas data*	impetrar
(*) Em geral, os doutrinadores processualistas, contrariando a linguagem do legislador, adotam o uso do verbo "interpor" para os embargos de declaração, a fim de conceder tratamento isonômico com os demais recursos.	

7.4.2 Denominação das partes, nas diversas ações, procedimentos e recursos

AÇÃO/ PROCEDIMENTO/ RECURSO	DENOMINAÇÕES	
ações em geral (de conhecimento, cautelar, popular, civil pública, rescisória etc.)	autor	réu
reconvenção	reconvinte	reconvindo
embargos (à execução, de terceiro, de declaração)	embargante	embargado
reclamação trabalhista	reclamante	reclamado
ação de execução	exequente	executado
mandado de segurança/*habeas corpus* (*)/*habeas data*	impetrante	impetrado
cumprimento de sentença	exequente	executado
assistência	assistente	assistido
denunciação da lide	denunciante	denunciado
incidente	arguente	arguido
exceção	excipiente	excepto
conflito de competência	suscitante	suscitado
apelação	apelante	apelado
agravos	agravante	agravado
recursos em geral (REsp, RE, RO, Rese etc.)	recorrente	recorrido

(*) No *habeas corpus*, o impetrante é quem impetra a ordem; o paciente é a pessoa em favor de quem se impetra a ordem. É comum acontecer de o impetrante ser a mesma pessoa do paciente.

7.4.3 Preliminares – Que verbo usar

Os verbos mais adequados para quem vai levantar uma preliminar no processo são SUSCITAR e ARGUIR

SUSCITAR significa "provocar", "fazer nascer", "fazer aparecer", "causar".

ARGUIR significa "argumentar", "contender", "alegar como prova ou razão", "impugnar" (entre outros)

Quando um advogado suscita (ou argui) uma preliminar, ele traz à discussão uma questão processual até então não ventilada nos autos que pode conduzir à extinção processual.

7 • PRINCÍPIOS FUNDAMENTAIS DO TEXTO

O verbo **SUSCITAR** é, na maioria das vezes, empregado nas hipóteses em que **vem acompanhado do substantivo "preliminar".** Nesse caso, não se usa o artigo depois do verbo.

*O apelado **suscita** preliminar de intempestividade do recurso.*

*O juiz **suscitou,** de ofício, preliminar de ilegitimidade passiva ad causa.*

*O réu **suscita** preliminar de incompetência do juízo.*

Já o verbo **ARGUIR** é empregado quando **desacompanhado do substantivo "preliminar".** Nesse caso, usa-se o artigo depois do verbo:

*A parte interessada deverá **arguir** o impedimento ou a suspeição, em petição fundamentada...*

*A parte **arguirá** a nulidade da intimação em capítulo preliminar...*

*O advogado não quis **arguir** a falsidade do documento.*

*Devemos **arguir** o impedimento do perito.*

Com menos frequência, vemos o emprego do verbo "alegar" nesses casos, mas nunca acompanhado da palavra "preliminar":

*O réu **alegou** a inépcia da inicial.*

*O advogado **alega** a nulidade da sentença por falta de fundamentação.*

*O apelado **alegou** a falta de interesse recursal do apelante.*

7.4.4 Denominação do beneficiário do habeas corpus

O *habeas corpus* é uma ação constitucional que visa garantir a liberdade de ir e vir dos indivíduos.

Pode ser impetrada **por qualquer pessoa**, em seu próprio favor ou de outrem, bem como pelo Ministério Público (art. 654, CPP).

Quem impetra o *habeas corpus* é denominado **impetrante.**

O beneficiário do *habeas corpus* é denominado **paciente.**

Se o indivíduo impetra o *habeas corpus* em causa própria, ele é ao mesmo tempo **impetrante e paciente.**

Portanto, no *habeas corpus,* o beneficiário deve ser sempre denominado **PACIENTE.**

Não é apropriado denominá-lo **RÉU,** pois nem sempre ele figura nessa condição.

O agente criminoso só passa a figurar como **RÉU** no processo **após recebida a denúncia.**

O *habeas corpus*, no entanto, pode ser impetrado tanto por indivíduos que já estejam na condição de réus quanto por quem ainda nem sequer foi processado, ou seja, por pessoas ainda investigadas por suspeita de crimes ou presas em flagrante delito.

Então é isso: No *habeas corpus,* chame sempre o beneficiário **PACIENTE.**

7.4.5 Concessão da segurança e concessão da ordem

Concessão e **Denegação** são termos jurídicos específicos para a formulação, respectivamente, do **pedido** (do impetrante) e do **contrapedido** (do impetrado) nas ações de mandado de segurança e de *habeas corpus.*

Ao defender o ato impugnado, o impetrado (autoridade coatora) visa à "denegação da segurança" no mandado de segurança, e a "denegação da ordem" no *habeas corpus.*

O termo **"concessão da ordem"** é mais adequado tecnicamente aos *habeas corpus,* muito embora seja frequentemente empregado nos mandados de segurança, que, por ostentar a natureza mandamental, enseja sempre uma **ordem.**

Não se deve usar nas ações constitucionais, os termos "procedência do pedido" ou "improcedência do pedido".

Então, resumidamente, temos:

Concessão da segurança: pedido que se faz nas ações de mandado de segurança.

Concessão da ordem: pedido que se faz nas ações de *habeas corpus*.

Denegação da segurança: é o que propugna o impetrado em defesa do ato que ensejou o mandado de segurança.

Denegação da ordem: é o que propugna o impetrado em defesa do ato que ensejou o *habeas corpus*.

Vejamos agora no quadro esquemático.

	AS PARTES PEDEM		O JUIZ DECIDE
	Impetrante	**Impetrado**	
MANDADO DE SEGURANÇA	Concessão da segurança	Denegação da segurança	Concedo (ou denego) a segurança
HABEAS CORPUS	Concessão da ordem	Denegação da ordem	Concedo (ou denego) a ordem

7.4.6 EXPRESSÕES JURÍDICAS QUE TODOS DEVEM CONHECER

Quem lida com o direito deve ter sempre na ponta da língua as palavras e as expressões com as quais vai trabalhar no dia a dia.

Conheça algumas expressões muito corriqueiras no mundo jurídico.

AÇÃO REIPERSECUTÓRIA: é a ação por meio da qual o autor reivindica a posse ou a propriedade de um bem que está em poder de outrem.

ADVOGADO DATIVO: É o profissional da advocacia designado pelo Juiz ou pela OAB para prestar assistência judiciária a pessoas necessitadas.

ALVARÁ DE SOLTURA: é o documento passado em juízo que concede ao preso a liberdade de ir e vir.

BENS AQUESTOS: são todos os bens do casal adquiridos na constância do casamento e que passam a integrar a comunhão.

BENS FUNGÍVEIS: são os bens móveis que podem substituir-se por outros da mesma espécie, qualidade e quantidade (art. 85 do Código Civil).

BENS INFUNGÍVEIS: são os bens que não podem substituir-se por outros da mesma espécie, qualidade e quantidade.

CARTA MAGNA: É o nome atribuído indevidamente à Constituição da República Federativa do Brasil. Na verdade, é o primeiro documento de ordem constitucional que garantiu ao mundo ocidental os direitos humanos.

CASAMENTO PUTATIVO: é aquele que se imaginava verdadeiro, mas que venha futuramente a ser maculado por uma das causas de anulabilidade ou nulidade.

COISA JULGADA FORMAL: Efeito transitório da sentença com relação ao processo em que foi prolatada, cuja matéria pode vir a ser discutida em outra ação.

COISA JULGADA MATERIAL: Efeito da sentença imutável, que não pode ser mais impugnada.

CONTRATO LEONINO: é o contrato que possui cláusulas abusivas em prol de uma das partes em prejuízo da outra.

CRIME IMPRESCRITÍVEL: é aquele que não prescreve, ou seja, pode vir a ser apurado a qualquer tempo, independentemente da data em que foram cometidos.

DESPACHO SANEADOR: é o pronunciamento por meio do qual o juiz elimina do processo todas as falhas e defeitos verificados.

DIREITO PRECLUSO: é aquele que não pode mais ser exercido em razão do decurso do tempo.

DOCUMENTO APÓCRIFO: é o documento sem assinatura, do qual não se sabe a procedência.

EFEITO INTERRUPTIVO: É aquele em que, uma vez interpostos embargos de declaração contra uma decisão judicial, os prazos recursais para a interposição de outros recursos que já se iniciaram ficam interrompidos e voltam a correr do zero após a publicação da nova decisão.

EFEITO RETROATIVO: é o efeito conferido à lei nova de atingir fatos passados, o que só pode ocorrer quando não há violação ao jurídico perfeito, direito adquirido e coisa julgada e for para beneficiar o réu.

EFEITO SUSPENSIVO: É o efeito conferido ao recurso pelo qual fica suspenso o andamento normal da ação e a execução da sentença enquanto não for julgado pelo Tribunal.

FATO GERADOR: é uma expressão que serve para indicar a situação fática que dá origem ao nascimento de uma obrigação jurídica.

FATO INCONTROVERSO: É o fato sobre o qual não há divergência, todos concordam.

FÉ PÚBLICA: É o valor probatório que se dá aos documentos lavrados por tabeliães ou escrivães e também às certidões passadas por oficiais de justiça nos autos do processo.

HERANÇA JACENTE: é a herança sem herdeiros conhecidos ou que a ela renunciaram e que fica sob a guarda de um curador até a declaração da vacância.

HERANÇA VACANTE: é a herança que, decorrido o prazo da vacância sem a aparição de herdeiros, passa a pertencer ao poder público.

JUÍZO INCOMPETENTE: é aquele que não possui poder para o julgamento de determinada causa.

JUÍZO PREVENTO: é aquele que teve o primeiro contato com determinada causa e que, por isso, fica responsável pelas demais ações que tiverem relação com a primeira distribuída.

LEI DRACONIANA: é a norma legal excessivamente rígida ou com punições exageradamente duras e desumanas.

LEI EXTRAVAGANTE: É a lei não codificada e editada a fim de regulamentar situações a que se destina Ex.: Lei de Falências e Recuperação Judicial, Lei das Sociedades Anônimas, Lei de Organização Criminosa, Lei de Tráfico de Entorpecentes, Lei de Abuso de Autoridade etc.

MAIORIA ABSOLUTA: nas votações, corresponde ao número inteiro que segue à metade dos votos de todos os integrantes do órgão colegiado.

MAIORIA SIMPLES: Nas votações, corresponde ao número inteiro que segue à metade mais um dos votos dos membros do colegiado presentes à sessão.

MENOR IMPÚBERE: É a pessoa menor de dezesseis anos de idade. É considerada absolutamente incapaz de exercer pessoalmente os atos da vida civil. É representada pelos pais ou responsáveis.

MENOR PÚBERE: É a pessoa maior de dezesseis e menor de dezoito anos de idade. É considerada relativamente incapaz de exercer pessoalmente os atos da vida civil. É assistida pelos pais ou responsáveis.

MENORIDADE RELATIVA: É, para efeito do Direito Penal, a atenuante aplicada ao réu condenado pela prática de crime cometido quando contava com a idade entre 18 e 21 anos de idade.

NORMA COGENTE: é a aquela que constrange alguém à prática de um ato e não admite disposições diversas.

OUTORGA UXÓRIA: É o consentimento dado por um cônjuge a outro para que pratique determinado ato ou negócio jurídico, como por exemplo a prestação de aval, a alienação de imóveis ou a propositura de ação que verse sobre direito real imobiliário.

PESSOA INIMPUTÁVEL: é aquela que, por doença mental ou desenvolvimento mental incompleto ou retardado era, ao tempo da ação ou da omissão, inteiramente incapaz de entender o caráter ilícito do fato ou de determinar-se de acordo com esse entendimento e que por isso é isento de pena (art. 26 do Código Penal).

PETIÇÃO INEPTA: é aquela que apresenta os seguintes defeitos: falta pedido ou causa de pedir; o pedido é indeterminado, ressalvadas as exceções legais; da narração dos fatos não decorrer logicamente a conclusão; e contiver pedidos incompatíveis entre si (art. 330, § 1º do CPC).

PROCURAÇÃO *AD JUDICIA*: Procuração geral para o foro. Só vale para representação em juízo.

PROCURAÇÃO *AD JUDICIA ET EXTRA*: Procuração geral para ao foro e fora dele.

SALVO-CONDUTO: documento passado em juízo que permite ao portador a liberdade de ir e vir sem o risco de prisão.

SENTENÇA DEFINITIVA: é aquela que põe fim à fase cognitiva do procedimento comum, bem como extingue a execução.

SENTENÇA TERMINATIVA: é aquela que extingue o processo sem resolver o mérito e se opera por um dos motivos elencados no art. 485 do CPC.

7.4.7 Adjetivos para substituir locuções adjetivas empregadas na linguagem jurídica

Locução adjetiva é a junção de duas ou mais palavras (geralmente a preposição "de" + "substantivo") que atuam como um adjetivo, a fim de qualificar um substantivo.

Conhecer os adjetivos correspondentes às locuções adjetivas é exercício de grande valia para enriquecer o vocabulário e ainda para contribuir com a concisão do texto. Significa trocar duas palavras por uma.

Mas saiba que nem toda locução adjetiva possui um adjetivo correspondente com o mesmo significado.

Vejamos algumas delas corriqueiramente empregadas no Direito:

Ação <u>no Direito Civil</u> = ação privada

Acervo <u>da herança</u> = acervo hereditário

Amizade <u>de irmão</u> = amizade fraterna

Amor <u>de mãe</u> = amor materno

Auto <u>de penhora</u> = auto constritivo

Bens <u>em dinheiro</u> = bens pecuniários

Caráter <u>de jogos</u> = caráter lúdico

Condição <u>de marido</u> = condição marital

Condição <u>de mercador</u> = condição comercial

Consentimento <u>da vontade</u> = consentimento volitivo

Cumprimento <u>da obrigação</u> = cumprimento obrigacional

Custas <u>do processo</u> = custas processuais

Decisão <u>de juiz</u> = decisão judicial

Dever <u>de cidadão</u> = dever cívico

Direito <u>de Falência</u> = direito falimentar

Direito <u>de posse</u> = direito possessório

Direito <u>sobre a coisa</u> = direito real

Grau <u>de recurso</u> = grau recursal

Herança <u>de avô</u> = herança avoenga

Higiene <u>da boca</u> = higiene bucal

Honorários <u>de advogado</u> = honorários advocatícios

Idade <u>de casar</u> = idade núbil

Linguagem <u>de cartório</u> = linguagem cartorária

Matéria <u>de direito</u> = matéria jurídica

Material <u>de guerra</u> = material bélico

Outorga <u>da esposa</u> = outorga uxória

Pensão <u>de alimentos</u> = pensão alimentícia

Prisão <u>em casa</u> = prisão domiciliar

Processo <u>de conhecimento</u> = Processo cognoscível

Prova <u>de testemunha</u> = prova testemunhal

Registro <u>de imóveis</u> = registro imobiliário

Relação <u>de contrato</u> = relação contratual

Sindicato <u>de patrão</u> = sindicato patronal

Tutela <u>de tio</u> = tutela avuncular

Unidade <u>de prisão</u> = unidade prisional

Valor <u>da moeda</u> = valor monetário

Vício <u>de redibição</u> = vício redibitório

Vínculo <u>de empregado</u> = vínculo empregatício

7.4.8 Juiz x Juízo

Juiz e Juízo são palavras tidas por sinônimos, mas, como se verá a seguir, não há exata correspondência entre elas.

Juiz é o servidor, pessoa física, investido de função jurisdicional. É a autoridade judicial que dirige e julga o processo; o julgador.

Já o vocábulo "juízo" segundo os Dicionários Aurélio e Koogan / Houais, designa, entre outros, o *foro ou tribunal em que se julgam litígios ou demandas.*

A doutrina jurídica, por sua vez, emprega o vocábulo como sendo *o órgão jurisdicional competente para o julgamento de uma demanda.* É, por assim dizer, o lugar (vara de justiça) onde o juiz exerce a sua jurisdição.

A distinção entre JUIZ e JUÍZO é bastante clara no âmbito legislativo.

O CPC, quando fala em JUIZ, está a se referir à pessoa física do magistrado, do julgador que dirige e julga o processo; e quando fala em JUÍZO, está a se reportar ao órgão jurisdicional competente.

Vejamos alguns exemplos extraídos do CPC:

COM JUIZ	COM JUÍZO
O juiz dirigirá o processo conforme as disposições deste Código, incumbindo-lhe... (art. 139).	*Para postular em juízo é necessário ter interesse e legitimidade* (art. 17).
O juiz nomeará curador especial ao... (art. 72).	*A ação acessória será proposta no juízo competente para a ação principal* (art. 61).
Há impedimento do juiz, sendo-lhe vedado exercer suas funções no processo, quando... (art. 144).	*Terão prioridade de tramitação, em qualquer juízo ou tribunal, os procedimentos judiciais:...* (art. 1.048).
...o juiz suspenderá o processo e designará prazo razoável para que seja sanado o vício (art. 76).	*A reunião das ações propostas em separado far-se-á no juízo prevento, onde serão decididas simultaneamente.* (art. 58).

7.4.8.1 A quem é dirigida a petição, ao juiz ou ao juízo?

Com a nova processualística, as petições passaram a ser dirigidas AO JUÍZO e não mais AO JUIZ.

Havendo na comarca ou na seção judiciária mais de um juízo competente para julgar determinada matéria, o feito será distribuído a um deles aleatoriamente e por sorteio, independentemente da pessoa física do juiz, pois a nenhum jurisdicionado é dado escolher o juízo, tampouco o juiz, para julgar a demanda.

Em cada juízo (vara) pode haver mais de um juiz, geralmente um titular e um substituto. Nunca se sabe ao certo qual o juiz despachará o feito.

A prevenção para o julgamento do feito é do juízo e não do juiz, tanto é que, se um juiz se licencia, se aposenta ou é removido, o processo continua no mesmo juízo em mãos de outro juiz.

7.4.8.2 *É possível empregar a palavra juízo em lugar de juiz?*

Não constitui boa técnica o emprego das palavras como sinônimas, em razão mesma do significado que cada uma exibe.

Todavia, é "possível empregar juízo em lugar de juiz, **quando se faz uso da figura de linguagem denominada metonímia**, pela qual uma palavra toma o lugar de outra, com base em alguma relação de proximidade entre ambas: de causa e efeito, de parte e todo, de autor e obra etc." (Menegatti – in www.migalhas.com.br)

Esse juiz decidiu outrora... = Esse juízo decidiu outrora...

7.4.9 Desincumbir-se

Uma dúvida muito frequente dos iniciantes na prática jurídica é sobre o significado do verbo DESINCUMBIR-SE.

A pergunta sempre é: – Desincumbir-se de uma tarefa é cumprir ou não cumprir a tarefa?

Pois bem!

O verbo DESINCUMBIR-SE (assim mesmo, pronominal) tem como significados "levar a efeito uma incumbência", "desencarregar-se", "desobrigar-se".

É muito utilizado na linguagem jurídica para indicar que a parte processual já cumpriu alguma medida ou incumbência determinada pelo juiz.

O prefixo "DES" que acompanha a palavra (DESincumbir) não exprime a ideia de negação, mas sim de "remoção" ou "cessação".

Quem se desincumbe é porque removeu ou cessou a incumbência.

Quando a parte se desincumbe de provar o alegado, é porque provou as alegações.

Quando a parte não se desincumbe de provar o alegado, é porque não conseguiu provar suas alegações.

Então é isso. Simples assim:

DESIMCUMBIR-SE DO ÔNUS DE PROVAR = CONSEGUIR PROVAR.

NÃO SE DESINCUMBIR DO ÔNUS DE PROVAR = NÃO CONSEGUIR PROVAR.

7.4.10 "Lugar incerto e não sabido" ou "lugar incerto ou não sabido"?

A expressão lugar incerto e não sabido é redundante.

Não é possível que uma pessoa esteja ao mesmo tempo em lugar incerto e não sabido.

"Lugar incerto" é aquele do qual não se tem certeza, duvidoso:

Fulano foi visto perto da cidade de Natal, no estado do Rio Grande do Norte.

Beltrano foi visto nas proximidades de Vitória da Conquista, na Bahia.

"Lugar não sabido" é aquele que é ignorado: nada se sabe do paradeiro da pessoa.

Portanto, quando se quer indicar que a pessoa é procurada, mas não foi encontrada, o correto é usar: "Lugar incerto ou não sabido".

7.4.11 O Supremo Tribunal Federal não é Tribunal Superior

O **STF** é o órgão de cúpula do Poder Judiciário e conhecido como "instância extraordinária", pois julga apenas matérias constitucionais.

Já os **TRIBUNAIS SUPERIORES** (STJ, TSE, TST e STM) figuram como uma "terceira instância", cuja competência é julgar – em matéria infraconstitucional ou conforme a especialização – as próprias causas originárias e também os recursos provenientes dos tribunais de segunda instância (os chamados tribunais de apelação).

Embora seja muito comum na prática jurídica a inclusão no STF no rol dos tribunais superiores, não parece ser esse o intuito do legislador constituinte, pois a distinção está evidente no texto da nossa Constituição.

Vejamos alguns exemplos a seguir:

*A discussão e votação dos projetos de lei de iniciativa do Presidente da República, do **Supremo Tribunal Federal** e dos **Tribunais Superiores** terão início na Câmara dos Deputados (art. 64, CF).*

*O **Supremo Tribunal Federal**, o Conselho Nacional de Justiça e os **Tribunais Superiores** têm sede na Capital Federal (art. 92, §1º, CF).*

> *O **Supremo Tribunal Federal** e os **Tribunais Superiores** têm jurisdição em todo o território nacional (art. 92, § 2º, CF).*

> *Compete privativamente ao **Supremo Tribunal Federal,** aos **Tribunais Superiores** e aos Tribunais de Justiça propor ao Poder Legislativo respectivo, observado o disposto no art. 169... (art. 96, II, CF).*

O Código de Processo Civil também contempla essa distinção:

> *Na hipótese de alteração de jurisprudência dominante do **Supremo Tribunal Federal** e dos **tribunais superiores** ou daquela oriunda de julgamento de casos repetitivos, pode haver modulação dos efeitos da alteração no interesse social e no da segurança jurídica (art. 927, § 3º, do CPC).*

Na doutrina, Pedro Lenza (2010, p. 576) reconhece a supremacia do STF ao afirmar que

> *"as decisões do STF se sobrepõem a todas as Justiças e Tribunais."*

Como se pode ver, apesar de a matéria ainda não estar amadurecida nem suficientemente discutida, há motivos de sobra para não incluir o STF no rol dos tribunais superiores.

É importante fazer essa distinção.

7.4.12 União Federal ou União

Se você é um profissional que prima pela técnica da redação jurídica, então deve parar de usar a locução "União Federal".

Deve-se usar apenas UNIÃO, como está previsto na Constituição Brasileira, já que "federal" é a forma do Estado brasileiro (art. 18, CF).

> *A organização político-administrativa da República Federativa do Brasil compreende a **União,** os Estados, o Distrito Federal e os Municípios, todos autônomos, nos termos desta Constituição.*

Outros atos normativos também contemplam o termo União:

> *É competente o foro de domicílio do réu para as causas em que seja autora a União (art. 51 do CPC).*

Para o jurista Clóvis Beviláqua, UNIÃO, na acepção política, é a nação em suas relações com os Estados federados que a compõem.

Em outras palavras, União é a reunião de todos os Estados que formam a República Federativa do País.

Eis a justificativa para não usar a locução.

7.4.13 Como usar o latim de forma escorreita

Se você já ouviu conselhos para não usar o latim em suas petições, não é preciso seguir à risca essa recomendação.

Para quem sabe empregar adequadamente os termos, não há o que censurar.

Muitas vezes, um *ipsis literis*, um *mutatis mutandis* são muito bem-vindos no texto jurídico.

Além disso, há situações em que o emprego de expressões latinas são até mais adequadas e sucintas do que o termo equivalente na língua portuguesa.

É o caso por exemplo de expressões que até já se incorporaram ao português como: *a priori, a posteriori, per capita, vade mecum, vide, caput, versus, supra, status, data venia, habeas corpus, habeas data*. São muito usadas e nem se percebem.

O que se crítica no emprego dos latinismos não são propriamente as expressões, mas o uso descomedido, com o único propósito de mostrar prestígio social, mas que, na verdade, faz distanciar os profissionais do direito do homem comum.

A recomendação, portanto, não é para abolir de vez o latim, mas para não usá-lo se houver um termo equivalente no português.

Optando por escrever uma expressão latina, é preciso lembrar de destacá-la graficamente com aspas (nos textos manuscritos) ou itálico (em textos digitados).

Os termos já incorporados no nosso idioma (vide, versus, supra, status) dispensam o destaque.

E mesmo que se prefira não usá-las, é importante conhecê-las, para que o desconhecimento não constitua um entrave para a compreensão de textos jurídicos.

Vejamos a seguir algumas expressões latinas muito usuais em textos jurídicos.

Expressão latina	Significado
Ab initio	Desde o início
A quo	De onde vem (Instância *a quo*)
Ad quem	Para onde vai (instância *ad quem*)
A priori	Antes de
A posteriori	Depois de

Expressão latina	Significado
Bis in idem	Incidir duas vezes a mesma coisa
Causa petendi	Causa de pedir
Contra legem	Contrário à lei
Dies a quo	O primeiro dia do prazo – dia inicial
Dies ad quem	O último dia do prazo – dia final
Erga omnes	Contra todos; perante todos
Ex adverso	Advogado da parte contrária
Ex nunc	Ato cujos efeitos começam a viger desde quando é celebrado, sem retroagir
Ex tunc	Ato cujos efeitos retroagem
In limine	Preliminarmente
In limini litis	No início da lide
Ipsis litteris ou ipsis verbis	Literalmente, com as mesmas palavras
Prima facie	À primeira vista
Extra petita	Sentença em desacordo com o pedido
Citra petita	Sentença que concedeu menos do que foi pedido na inicial
Ultra petita	Sentença que concedeu mais do que foi pedido na inicial

As expressões latinas existem para serem usadas, não por exibicionismo, mas para dar mais precisão à linguagem quando necessário.

Atualmente, a pretexto da simplicidade dos textos jurídicos, recomenda-se tanto e com tal ênfase o não uso de jargões jurídicos, que estão contribuindo para o empobrecimento da linguagem e "emburrecimento" dos profissionais do direito.

A coisa não é por aí.

7.4.14 A repetição de palavras nas petições jurídicas

Petição jurídica não é redação escolar que não se possa repetir palavras, diz o especialista.

Por certo que a boa técnica da redação recomenda, na medida do possível, não repetir palavras, pelo menos num intervalo curto do texto.

Mas essa máxima não é absoluta, sobretudo no que diz respeito à linguagem forense.

O texto jurídico é um gênero de texto estritamente técnico, que possui linguagem específica, por isso não é preciso nem recomendável que os termos sejam, a toda hora, substituídos por sinônimos.

Aliás, pelo caráter científico da linguagem, nem sempre encontramos sinônimos adequados para fazer a substituição e a repetição, nesse caso, é uma garantia de que o leitor entenderá o que foi dito.

Há palavras, por exemplo, cuja repetição não se pode evitar. É o caso de termos correntes como autor, réu, juiz, perito, defensor, sentença, recurso etc., que são necessárias a cada instante e que não possuem sinônimos apropriados para a substituição.

E foi exatamente a tentativa forçada de ampliar esse elenco de palavras não previstas na lei e na doutrina que redundou no fenômeno do juridiquês.

Exemplo disso é a substituição nada bem-vinda do termo "petição inicial" por "exordial", "peça de ingresso", "peça ovo", "peça vestibular", "petitório debutante", entre outros inúmeros e esdrúxulos termos que vão se criando pelo mundo a fora.

A denominação dos litigantes é caso que merece atenção especial.

Sobre isso, a recomendação é para que se evite alterar a denominação das partes ao longo da petição.

Quem elege a nomenclatura "autor/réu" ou "requerente/requerido", deve fazê-lo do início ao fim da petição, pois eventuais alterações para "postulante/postulado", "suplicante/suplicado", além de inapropriado, tende a confundir o juiz.

Também nem sempre se deve recorrer aos pronomes (ele, ela) para substituir os nomes, pois essa prática pode trazer dubiedade e prejudicar a compreensão da frase.

Outra impropriedade é empregar o nome próprio da parte, a qual só deve vir inserida no preâmbulo da petição, no tópico referente à qualificação e nunca no capítulo referente aos fatos ou aos fundamentos jurídicos.

Devemos meditar sobre o assunto e ver o que é melhor: substituir as nomenclaturas para evitar a repetição ou repeti-las e prestigiar a clareza da frase e a precisão da linguagem?

7.4.15 A que se destinam os sinais (...) e [...]?

Reticências entre parênteses (...) e **reticências entre colchetes** [...] são sinais equivalentes e servem para indicar que houve supressão de trechos do texto original.

Tomemos como exemplo a ementa abaixo, transcrita por completo:

PENAL. EXECUÇÃO PENAL. AGRAVO REGIMENTAL NO HABEAS CORPUS. PRISÃO DOMICILIAR. REGIME SEMIABERTO. EXCEPCIONALIDADE NÃO DEMONSTRADA. AUSÊNCIA DE ARGUMENTOS NOVOS APTOS A ALTERAR A DECISÃO AGRAVADA.
I – O agravo regimental deve trazer novos argumentos capazes de alterar o entendimento anteriormente firmado, sob pena de ser mantida a r. decisão vergastada pelos próprios fundamentos.
II – A jurisprudência tem entendido ser possível a concessão do benefício, no caso de regime prisional diverso do aberto, excepcionalmente, em face de comprovada doença grave, se o tratamento médico necessário não puder ser ministrado no presídio em que se encontra o apenado, mesmo em regime diverso do aberto. Precedentes.

III – In casu, não restou demonstrado, de forma inequívoca, que o agravante preenche os requisitos para flexibilização da norma e a concessão do benefício, assim como a impossibilidade de sua permanência no cárcere, não ficando evidenciada, portanto, à luz do caso concreto, a situação excepcional ensejadora da concessão de prisão domiciliar.

Agravo regimental desprovido.

(AgRg no HC n. 736.960/RS, relator Ministro Jesuíno Rissato (Desembargador Convocado do TJDFT), Quinta Turma, julgado em 16/8/2022, DJe de 23/8/2022.)

Suponhamos que se queiram citar apenas os itens II e III que interessam à causa.

O que fazer?

Basta você utilizar os sinais (...) ou [...] para indicar exatamente onde estão as partes omitidas.

Vejamos a seguir.

PENAL. EXECUÇÃO PENAL. AGRAVO REGIMENTAL NO HABEAS CORPUS. PRISÃO DOMICILIAR. REGIME SEMIABERTO. EXCEPCIONALIDADE NÃO DEMONSTRADA. AUSÊNCIA DE ARGUMENTOS NOVOS APTOS A ALTERAR A DECISÃO AGRAVADA.
(...)
II – A jurisprudência tem entendido ser possível a concessão do benefício, no caso de regime prisional diverso do aberto, excepcionalmente, em face de comprovada doença grave, se o tratamento médico necessário não puder ser ministrado no presídio em que se encontra o apenado, mesmo em regime diverso do aberto. Precedentes.

III – In casu, não restou demonstrado, de forma inequívoca, que o agravante preenche os requisitos para flexibilização da norma e a concessão do benefício, assim como a impossibilidade de sua permanência no cárcere, não ficando evidenciada, portanto, à luz do caso concreto, a situação excepcional ensejadora da concessão de prisão domiciliar.

(...)

(AgRg no HC n. 736.960/RS, relator Ministro Jesuíno Rissato (Desembargador Convocado do TJDFT), Quinta Turma, julgado em 16/8/2022, DJe de 23/8/2022.)

O certo seria excluir também os verbetes, mas no exemplo citado eles são indispensáveis.

No texto da ementa, foi empregado o termo genérico (benefício) em vez do específico (prisão domiciliar) constante na verbetação. A omissão deste poderia prejudicar a compreensão do enunciado.

Portanto, ao suprimir trecho do texto original, é importante ter o cuidado de não suprimir frases ou palavras que possam prejudicar a compreensão do todo.

Uma observação importante é a seguinte: nunca se deve excluir do original a fonte de dados do texto transcrito ou citado: (AgRg no HC n. 736.960/RS, relator Ministro Jesuíno Rissato (Desembargador Convocado do TJDFT), Quinta Turma, julgado em 16/8/2022, DJe de 23/8/2022).

7.5 FORMALIDADE

7.5.1 O texto jurídico exige formalidade, a fim de se lhe conferir caráter oficial. Por isso, não há lugar para:

- **Gírias:** vacilo; grilo; pega; porrada; esquentado; ligado; de boa;
- **Modismos:** vamos combinar; empoderamento; prospectar;
- **Provérbios:** "mais vale um pássaro na mão que dois voando";
- **Exemplos:** fato semelhante aconteceu comigo;
- **Expressões depreciativas, de menosprezo:** ridículo, achincalhe; óbvio ululante, meliante, increpado;
- **Termos jurídicos em desuso:** crime de quadrilha; interesse de agir;
- **Divagaçoes genéricas sem explicar a causa:** "o autor não faz jus ao direito reclamado";
- **Crenças e sentimentalismos:** Deus, graça divina;
- **Abreviações:** Prefira escrever as palavras por extenso, salvo quando se tratar de siglas consagradas.

7.6 CONCISÃO

A concisão consiste em ser resumido, sintético. Para escrever de forma sintética, devem-se evitar palavras inúteis e desnecessárias. As orações devem ser curtas. Caso o período esteja muito longo, deve-se colocar um ponto e dividi-lo em duas partes, mesmo que se fragmente o assunto. Mas atenção: ser conciso não significa eliminar dados essenciais ao entendimento do texto.

A concisão é conhecida como a "técnica do enxugamento". Significa fugir das informações desnecessárias (por serem óbvias), das repetições inúteis e das explicações supérfluas.

Vejamos algumas formas possíveis de obter concisão:

- Dispensar, quando possível, os verbos auxiliares (ser, estar, ter, haver) da frase:

Não faça assim	Faça assim
Pediu fosse anulada a multa que lhe fora imposta pelo órgão de trânsito.	*Pediu a anulação da multa imposta pelo órgão de trânsito.*
O bem de família não pode ser penhorado.	*O bem de família é impenhorável.*
Não sendo cumprida a obrigação, o processo deverá ser extinto.	*Descumprida a obrigação, o processo será extinto.*

- Escolher apenas as palavras necessárias à compreensão do assunto. Evitar excesso de palavras inúteis, adjetivações desnecessárias e períodos longos, sem significado;
- Economizar no emprego de pronomes pessoais, possessivos e indefinidos (um, seu, meu, nosso);
- Evitar repetições desnecessárias, usadas em regra como reforço de fundamentação;
- Substituir a locução "verbo + substantivo" por um verbo de ação: Vejamos alguns exemplos:

LOCUÇÃO	VERBO
Fazer a estimativa	estimar
Fazer a reserva	reservar
Tomar providências	providenciar
Fazer um cadastro	cadastrar

- Eliminar, quando possível, a partícula QUE do texto: O emprego abusivo da partícula QUE nos textos em geral é denominado, de forma pejorativa, "queísmo" pelos gramáticos tradicionais:

Não faça assim	Faça assim
Confessou que estava envolvido com a jovem.	*Confessou o envolvimento com a jovem.*
O autor vem requerer a V. Ex.ª que conceda a liminar.	*O autor vem requerer a concessão da liminar.*
O candidato quer que sejam recontados os votos.	*O candidato quer a recontagem dos votos.*

7.7 COESÃO

A coesão consiste em ligar as ideias de forma coordenada. É o que chamamos de "enlace matrimonial" entre as frases, orações e períodos. Sem coesão não existe texto e sim palavras soltas, sem unidade. Para dar coesão ao texto é fundamental a utilização de conectores, tais como os advérbios, as locuções adverbiais, as conjunções, os pronomes etc. Outras vezes, a coesão se dá pela retomada pela frase posterior de uma palavra da frase anterior. É importante verificar se a frase seguinte é continuação, oposição, conclusão, causa ou consequência da primeira para fazer uso do conector correto.

Vejamos um exemplo de coesão pela referência, ou seja, pela retomada pela frase posterior de uma palavra da frase anterior:

> Adriano é proprietário do imóvel situado em Fortaleza, que ora se encontra locado a Sérgio, e requereu em juízo o despejo do locatário **por infringência aos termos do contrato.**
>
> O **descumprimento contratual** consiste na falta de pagamento dos últimos cinco meses de aluguel e ainda dos encargos com IPTU, energia elétrica e água, o que configura violação ao **art. 23, I, da Lei n. 8.245/91.**
>
> **Referido dispositivo** elenca como primeiro dever do locatário **pagar pontualmente o aluguel e os demais encargos** da locação previstos em lei ou na avença.
>
> A **infringência à lei das locações,** no que concerne à falta de pagamento e demais encargos contratuais, permite, nos termos do art. 9º, III, a resolução do contrato e garante ao locador o direito de requerer o despejo.

Veja abaixo alguns conectivos para dar coesão às frases, conforme a ideia a ser considerada na frase:

CONECTORES PARA REFERÊNCIA AO CASO CONCRETO:

- No caso...
- No presente caso, ...
- No caso em análise, ...
- No caso em exame, ...
- No caso em tela, ...
- No caso *sub examine,* ...
- Na situação em análise, ...
- Na casuística, ...

CONECTORES PARA REFORÇAR (CONCORDAR COM) ARGUMENTO ANTERIOR (adição):

- Além disso...
- Além do mais...
- Não bastasse isso...
- Ademais...
- Assim...
- A propósito...
- Acresça-se ainda...
- Acrescente-se que...
- Dessa forma...
- Dessarte...
- Destarte...
- Do mesmo modo...
- De igual modo...
- Da mesma forma...
- Igualmente...
- Outrossim...
- Pode-se dizer ainda...
- Tem-se ainda...
- Ressalte-se ainda que...
- É cediço (sabido de todos)...

CONECTORES PARA CONTRARIAR O ARGUMENTO ANTERIOR (oposição, contraste):

- Ao contrário...
- Contrariamente...
- Diferentemente...
- De outra forma...
- No caminho inverso...
- Por outro lado...
- De outro modo...

- De modo oposto...
- Em sentido oposto...
- De maneira oposta
- Entretanto…

CONECTORES PARA CONCORDÂNCIA PARCIAL (excepcionalidade):
- A bem da verdade, em certos casos…
- É possível que, em certos casos, seja admitida a ….
- Nesse ponto, contudo, tem razão a maioria dos doutrinadores quando...
- Excepcionalmente, pode haver…
- Registre-se que há exceções a essa regra…
- A lei pode ser interpretada dessa forma, salvo se...

CONECTORES PARA CONCLUSÃO DO PARÁGRAFO OU DO TEXTO:
- Diante do exposto, fica evidenciada a procedência do pedido inicial.
- Posto isso, deve ser provido o presente recurso, a fim de...
- Assim, impõe-se o provimento do recurso com a consequente reforma da sentença recorrida.
- Dessa forma, deve ser mantida a sentença recorrida.
- Por consequência, forte nas razões ora expostas, deve a ação ser julgada improcedente.
- Assim, merece acolhimento o pedido inicial.
- Por tudo o que ficou exposto, não resta dúvida de que o autor faz jus ao direito que pleiteia.
- Os fundamentos ora deduzidos demonstram, com clareza, que o recurso merece prosperar.
- Assim, considerando o acima exposto, outra não pode ser o desate da questão senão a improcedência do pedido inicial.
- Assentadas tais premissas, é possível concluir que ...

CONECTORES – PARA MUDANÇA DE PARÁGRAFO – ABORDAGEM DE NOVO ASSUNTO:
- Quanto à agravante da reincidência...
- No tocante à aplicação da pena...

- Acerca da redução da pena pela tentativa...
- Sobre o direito de permanecer em silêncio...
- No que toca à incompetência da Justiça Estadual...
- No que diz respeito ao prazo para a interposição do recurso...
- No que tange ao...
- No que se refere à...
- Em relação à...
- Relativamente à...
- Com relação ao prazo recursal...

CONECTORES PARA CITAÇÃO DE DISPOSITIVOS LEGAIS:

- Conforme dispõe o art..., a prescrição...
- Segundo o disposto no art..., a agravante...
- Segundo dispõe o art..., toda pessoa...
- Conforme previsto no art..., o ato ilícito...
- Segundo a redação do art..., toda pessoa...
- Consoante previsto no art..., aquele que...
- Conforme a dicção do art..., a prisão temporária...
- Segundo se depreende da redação do art..., a usucapião...
- Segundo estabelece o art..., o prazo para...
- Em conformidade com o art..., a apelação...
- Conforme preconiza o art..., o início do prazo...

CONECTORES PARA CITAÇÃO DE JURISPRUDÊNCIA:

- Acerca da matéria, assim vem decidindo o Superior Tribunal de Justiça:
- Sobre o tema, o Superior Tribunal de Justiça já se pronunciou de forma pacífica ao editar o enunciado da Súmula 500, que vem assim redigido: ...
- O Supremo Tribunal Federal já sumulou a matéria ao editar o enunciado 500, *in verbis*:
- Nessa linha, confira-se o enunciado da Súmula 500 do Supremo Tribunal Federal: ...
- Nesse mesmo sentido é o enunciado 500 do Supremo Tribunal Federal que preceitua: ...

- Tem plena aplicação ao caso a Súmula 500 do Supremo Tribunal Federal que assim dispõe: ...
- Nesse sentido é a jurisprudência dominante do Supremo Tribunal Federal, como se pode ver da ementa do acórdão abaixo transcrita: ...
- Em arremate, confira-se ementa do acórdão proferido pelo Superior Tribunal de Justiça, *in verbis*:
- A propósito, esta é a orientação do Supremo Tribuna Federal: [...]

CONECTORES PARA CITAÇÃO DE DOUTRINA:

- Nesse sentido, vale mencionar as lições doutrinárias do Professor... que assim preconiza: ...
- Para respaldar a fundamentação acima, cabe transcrever o entendimento doutrinário, da lavra do eminente...que preleciona: ....
- A doutrina não discrepa do entendimento ora defendido, como se pode ver dos excertos da obra do Professor...., *in verbis*:
- A propósito, cabe citar a enriquecedora lição do mestre ... que assim ensina:
- Conforme a lição do renomado mestre ...... entende-se por ....
- A propósito, sobre a matéria, preleciona o Professor... em sua obra doutrinária .....
- Com efeito, oportuna a lição de ...., segundo o qual...
- Cabe ter presente, a propósito do tema ora em análise, a sempre precisa lição de...

7.8 COERÊNCIA

Coerência é a ordenação lógica entre as ideias do texto; é a não contradição. Para ter coerência, o texto precisa também ter coesão. Um exemplo típico de incoerência é o autor fazer uma afirmativa e, no mesmo contexto, negar a afirmação, quebrando a lógica das ideias.

Para obter coerência, é importante que o texto tenha coesão, isto é que haja um desencadeamento de frases e orações do início ao fim até alcançar uma conclusão lógica.

Veja abaixo um texto incoerente em que o autor conclui de forma contrária ao que afirmou anteriormente. Para o texto ficar coerente, o correto seria o uso do verbo "acelerar" em vez de "retardar".

> É um contrassenso afirmar que o novo Código de Processo Civil nasceu para retardar a prestação jurisdicional. Basta ver a extensão dos prazos processuais que passaram a ser contados em dias úteis, prejudicando mais a celeridade do processo.

Existem dois tipos de incoerência: a interna, que diz respeito aos termos do próprio texto, e a externa, que diz respeito à contradição entre os termos do texto e a realidade da vida.

7.9 CORREÇÃO GRAMATICAL

Caracteriza-se pelo uso correto das regras gramaticais: pontuação, acentuação, ortografia, concordância nominal e verbal, regência nominal e verbal; colocação pronominal etc.

Conquanto de extrema importância para a escrita, não é o propósito deste guia ensinar regras de gramática, a fim de que não se delongar demais no tema.

Mas cabe dizer que o examinando deve estar em dia com temas gramaticais, sobretudo os conteúdos acima mencionados.

Abaixo, segue um quadro com algumas palavras (corretas) comumente usadas de forma incorreta em textos jurídicos.

> acréscimo – admissível – adolescência – adolescente – afligir – agiota – ascendência – análise – auge – assassinar – assédio – assessor – através – comissão – concessão – contágio – crescer – crescimento – descer – descendência – desclassificar – disciplina – divergir – égide – exceção – excelência – excelentíssimo – exceto – excepcional – escusar – estender – extenso – evasão – excludente – exclusão – exigível – extinguir – extinto – ficha – gestão – jeito – juízo – ilícito – inclusive – incontinenti – inelegibilidade – infração – injetar – lazer – lixo – mexer – natureza – orçamento – prescrição – quiser – remissão – suscitar – trajeto

7.9.1 Alguns erros de regência para se evitar

a) Reside à ou Reside em?

Segundo a norma padrão, as formas verbais "morar", "residir", "habitar", "situar", "localizar" etc. regem a preposição EM (no, na).

Assim, quem reside ou quem mora, reside ou mora **EM** algum lugar.

Nessa perspectiva, o correto é usar:

---

*...**residente na** Rua Quintino Bocaiúva – e não à Rua Quintino Bocaiúva.*

---

*... **residente na** Praça Mauá – e não à Praça Mauá.*

Todavia, a preposição (à) foi incorporada à linguagem jurídica e cartorária, especialmente dos notários e registradores, tanto que vem sendo aceita por gramáticos de renome como Celso Pedro Luft:

... residente e domiciliado à Rua Frei Caneca, n. 193, São Paulo.

Isso ocorre por obra do dinamismo da Língua que passa a aceitar como correto o uso reiterado e consagrado de uma determinada regra gramatical.

Mas deve-se prestar atenção!

O emprego da preposição (à) somente é aceito diante de palavras femininas: residente à rua..., à alameda..., à praça..., à avenida..., pois não caberia o uso de "residente ao apartamento..." ou "domiciliado ao bairro..."

Assim, nesse caso, em que há duas correntes de peso sobre a matéria, admite-se o uso de ambas as regras, mas com preferência pela primeira, defendida pelos gramáticos tradicionais.

Em provas de concursos públicos, todavia, deve-se usar sempre o EM (na, no), pois as bancas examinadoras são inflexíveis.

Os que admitem a forma RESIDE À... devem permitir também a forma SITO À..., desde que diante de palavras femininas.

"Sito" é uma palavra não muito elegante, praticamente de uso restrito ao campo jurídico e cartorário, sinônima de "situado".

... sito à Avenida Rebouças, n. 523.

---

b) "Restar" não é sinônimo de "ser" e "estar":

O verbo "restar", segundo vários dicionários da Língua Portuguesa (Houaiss, Aurélio, Aulete etc.) possui como sinônimos "sobrar", "subsistir como resto", "faltar para fazer ou para completar".

Resta *fazer a lição de casa (falta fazer).*

Restaram *duas dúzias de laranjas (sobraram).*

Todavia, em textos jurídicos, "restar" tem sido frequente e indevidamente empregado como verbo de ligação, com a acepção de "estar", "ficar".

Resta comprovado nos autos que o réu é o verdadeiro culpado do crime
⇒ *Está comprovado* nos autos que o réu é o verdadeiro culpado do crime.

Restou evidente que você não quis testemunhar o fato
⇒ *Ficou evidente* que você não quis testemunhar o fato.

Restam evidenciadas nos autos as provas da irregularidade cometida pelo servidor
⇒ *Estão (ou encontram-se) evidenciadas* nos autos as provas da irregularidade cometida pelo servidor.

Por essas razões, deve-se evitar o emprego do verbo restar como verbo de ligação.

c) Ante o exposto ou ante ao exposto?

"Ante o exposto" é uma expressão muito usada nos textos jurídicos e serve para concluir um raciocínio com base nas teses defendidas anteriormente.

Sobre o emprego dessa expressão, diz-se que a forma correta é empregar **ANTE O EXPOSTO** e não "ante ao exposto", pois tanto o "ante" quanto o "ao" são preposições, e é inadequado o uso de uma depois da outra para reger uma mesma construção.

Assim, o correto é dizer:

Ante o exposto, julgo procedente o pedido.

Ante o exposto, nego provimento ao recurso.

A mesma regra serve para a expressão "perante o juiz" (ou seja, na presença de):

O réu foi trazido *perante o* juiz.

O acusado deu detalhes do crime *perante o* delegado.

Portanto, deve-se evitar o uso de "ante ao" e "perante ao", pois tais empregos não têm aceitação dos gramáticos em geral.

d) Trata-se de recursos ou tratam-se de recursos?

"Trata-se" é um verbo impessoal, usado sempre na terceira pessoa do singular, que tem por significado "o que está em questão", "o que é abordado", "o ponto importante" ou "o que interessa numa ocorrência". (KASPARY, 2014).

É verbo transitivo indireto e pede a preposição "de":

A partícula "se" tem a função de tornar o sujeito indeterminado e não há expressão equivalente na voz passiva: "~~recursos são tratados~~".

Quando isso ocorre, o verbo permanece no singular, mesmo que o complemento esteja no plural.

O mesmo ocorre com os verbos "precisa-se de", "necessita-se de", "falava-se de", "desistiu-se de" etc.

Portanto, | verbo transitivo indireto + se | usa-se exclusivamente na terceira pessoa do singular.

Trata-se de prestações sucessivas, caso em quem pode o devedor depositar as parcelas vincendas.

Trata-se de autos eletrônicos, por isso, seguem regras específicas.

Discordou-se das propostas.

Precisa-se de costureiras.

Acredita-se em fantasmas.

Os exemplos anteriores **não se confundem** com os abaixo, em que o verbo é transitivo direto:

Alugam-se casas. (casas são alugadas)

Consideram-se todos os atos subsequentes anulados. (todos os atos são considerados anulados)

Aplicam-se as disposições do art. 672 do CPC. (as disposições são aplicadas)

Incluem-se na impenhorabilidade os equipamentos e as máquinas agrícolas. (são incluídos os equipamentos e as máquinas agrícolas)

Nesses casos, por ser impessoal, o verbo não admite sujeito como no exemplo:

O caso trata-se de ação penal pública movida pelo Ministério Público contra...
⇒ *Trata-se* de ação penal pública movida pelo Ministério Público...

A hipótese trata-se de inquérito aberto para apurar o crime de estelionato.
⇒ *Trata-se* de ação penal pública movida pelo Ministério Público...

Todavia, quando pessoal, "trata-se" tem por sujeito um "ente humano" e é usado em sentidos específicos. Nesse caso, o verbo flexiona para o singular ou plural de acordo com o substantivo:

Na repartição, *todos se tratam* muito bem. (dar o tratamento)

José somente *se trata* em hospitais de São Paulo. (submeter-se a tratamento)

e) Apelar da sentença / apelar para o bom senso / apelo ao juiz:

Ao escrever uma frase com o verbo APELAR, deve-se verificar em que sentido ele está sendo empregado. Dependendo do sentido, altera-se a regência.

1) Quando empregado no sentido de **interpor recurso, recorrer,** é transitivo indireto e rege a preposição **DE:**

O advogado **apelou da** sentença.

*Os candidatos **apelaram dos** critérios adotados pela banca do concurso.*

2) Quando empregado no sentido de **buscar ajuda, socorrer-se,** também é transitivo indireto, mas rege a preposição **PARA:**

*O advogado **apelou para** o STF.*

*O juiz **apelou para** o bom senso do advogado.*

*Só me resta **apelar para** o governador solucionar o problema.*

*Só resolveremos o problema se **apelarmos para** a polícia.*

Como vimos, a regência correta do verbo "apelar" é transitiva indireta.

Deve-se, portanto, evitar construções do tipo:

⇒ *Apelo ao prefeito para que resolva o problema das enchentes.*
⇒ ***Apelo para** o prefeito para que resolva o problema das enchentes.*

Fizemos um apelo à população para a doação cobertores aos pobres.
⇒ ***Apelaremos para** a população doar cobertores aos pobres.*

Mas atenção!

O substantivo **APELO** rege a preposição A(O):

*Os professores fizeram um **apelo ao** ministro da Educação.*

*Já fizemos inúmeros **apelos às** autoridades locais.*

*O nosso **apelo** será feito **ao presidente** do Tribunal.*

7.10 PARALELISMO

Paralelismo é a qualidade do texto que consiste em apresentar ideias similares de forma simétrica, isto é, com a mesma estrutura gramatical.

Falta paralelismo ou simetria quando, em uma frase, há ideias similares estruturadas de formas diferentes.

Vejamos uma frase sem paralelismo:

"É permitida a carga dos autos às partes e advogados."

Aqui, temos um termo antecedente, PERMITIDA, que rege dois complementos:

⇒ – às partes (termo regido com preposição)

e

⇒ – advogados (termo regido sem preposição, cujo emprego é obrigatório)

A palavra "partes" vincula-se ao termo antecedente (permitida) pelo emprego da preposição "às";

A palavra "advogados" vincula-se ao antecedente (permitida) sem preposição, que é obrigatória.

Como obter a simetria: acrescente a preposição "aos" ao substantivo "advogados":

"É permitida a carga dos autos **às** partes e **aos** advogados".

Vejamos outro exemplo:

A obediência às leis de trânsito é necessária, importante e traz benefícios à segurança de todos.

Aparentemente não há erro na frase, mas falta simetria. São três ideias similares, uma delas com estrutura diferente.

Termo antecedente: "A OBEDIÊNCIA É":

– necessária → adjetivo

– importante → adjetivo

– traz benefícios → verbo + substantivo

Para obter a simetria, transforme a locução "traz benefícios" em um adjetivo:

A obediência às leis de trânsito é **necessária, importante e benéfica** à segurança de todos.

O paralelismo configura um vício que se pratica sem perceber. Por isso, muitas vezes, em provas de concursos, a banca exclui pontos da prova por erro que o candidato nem sabe identificar. Portanto é importante atentar-se para não cometer esse tipo de deslize gramatical.

8
DAS PETIÇÕES EM GERAL

As petições jurídicas, de modo geral, são construídas com a mesma estrutura, possuem os mesmos elementos como o endereçamento, a qualificação do requerente, a formatação, o texto, o pedido e o encerramento.

Essa formatação rígida possui explicação na Teoria Tridimensional do Direito, do jurista brasileiro Miguel Reale, a qual não vem ao caso estudar neste momento, embora de muita importância para os operadores de Direito.

No Exame de Ordem, costumam ser exigidas as peças mais habituais no meio forense, como a petição inicial, a contestação, o agravo de instrumento e a apelação, nas áreas de natureza cível; as alegações finais por memorial, o recurso em sentido estrito e a apelação, na área criminal, a reclamação trabalhista, a contestação e o recurso ordinário, na área trabalhista.

Em áreas mais específicas como a do direito constitucional, a banca costuma exigir as ações constitucionais como o mandado de segurança, a ação direta de inconstitucionalidade, a ação popular etc. Nos ramos do direito administrativo, tributário e empresarial também são exigidas ações mais específicas, como mais adiante teremos a oportunidade de demonstrar.

Antes de dar início ao capítulo correspondente aos requisitos da petição inicial, apresentaremos as peças mais exigidas nos diversos Exame de Ordem, por área de opção:

DIREITO CIVIL		
PROVAS		**EXAMES**
Petição inicial	Ação de consignação em pagamento	30º – 17º
	Ação de obrigação de fazer	33º – 13º
	Ação de interdição	12º
	Ação de despejo	11º
	Ação de alimentos gravídicos	9º
	Ação de usucapião especial urbano	8º
	Ação declaratória de inexistência de débito	7º
	Ação de busca e apreensão de pessoa	6º
	Ação de reintegração de posse	26º
	Ação de alimentos	4º
	Ação indenizatória	3º
	Ação rescisória	29º
	Embargos à execução	37º –31º – 24º – 10º
	Embargos de terceiro	27º – 18º
Contestação		35º – 28º (+ reconv.) – 16º
Agravo de instrumento		37º – 22º – 20º – 14º
Apelação		36º – 34º – 32º – 23º – 21º – 19º –
Recurso especial		25º – 15º

DIREITO PENAL	
PROVAS	**EXAMES**
Queixa-crime	15º
Resposta à acusação	36º – 25º – 21º – 8º
Alegações finais por memoriais	37º – 32º – 26º – 23º – 20º – 17º – 14º – 9º
Agravo em execução	29º – 24º – 16º
Recurso em sentido estrito	34º – 31º – 28º – 11º
Apelação	35º – 33º – 30º – 22º – 18º – 13º – 12º – 7º – 5º – 4º
Contrarrazões de apelação	27º – 19º
Revisão Criminal	10º
Pedido de relaxamento de prisão	6º

8 • DAS PETIÇÕES EM GERAL

DIREITO DO TRABALHO		
PROVAS		**EXAMES**
Petição inicial	Reclamação trabalhista (ação trabalhista)	34º – 33º – 30º – 27º – 22º – 20º – 14º – 12º
	Ação de consignação em pagamento	29º – 10º
	Embargos à execução	13º
Contestação		37º – 32º – 28º – 25º (+ reconv.) – 23º – 18º – 17º – 11º – 8º – 6º – 5º – 4º
Mandado de segurança		36º
Recurso ordinário		35º – 31º – 26º – 24º – 21º – 19º – 16º – 15º – 9º – 7º

DIREITO CONSTITUCIONAL		
PROVAS		**EXAMES**
Petição inicial	Ação de conhecimento (obrigação de fazer e indenizar)	9º – 5º
	Ação civil pública	21º
	Ação popular	37º – 31º – 28º – 25º – 6º
	Ação direta de inconstitucionalidade	36º – 35º – 27º – 26º – 17º – 16º – 13º – 7º
	Ação direta de inconstitucionalidade por omissão	19º
	Ação declaratória de constitucionalidade	33º
	Arguição de descumprimento de preceito fundamental	20º
	Mandado de segurança	34º – 29º – 23º – 21º – 15º – 11º
	Mandado de segurança coletivo	24º
	Mandado de injunção coletivo	22º
Apelação		11º
Recurso ordinário		30º – 14º – 4º
Recurso extraordinário		12º – 10º – 8º
Reclamação constitucional		32º

DIREITO ADMINISTRATIVO		
PROVAS		**EXAMES**
Petição inicial	Ação de conhecimento	19º – 17º – 16º – 11º – 9º – 6º – 4º – 2º
	Ação anulatória (de ato administrativo)	37º – 29º – 25º
	Ação civil pública	36º – 26º
	Ação popular	31º – 15º – 7º
	Ação de responsabilidade civil ou ação indenizatória	28º
	Mandado de segurança	27º – 18º – 14º – 5º
Contestação		35º – 30º – 10º – 3º (ou AGI)
Agravo de instrumento		33º – 23º – 8º
Recurso Ordinário em mandado de segurança		34º – 26º – 24º – 12º
Apelação		32º (em ms) – 22º – 21º – 20º – 23º

DIREITO TRIBUTÁRIO		
PROVAS		**EXAMES**
Petição inicial	Embargos à execução	27º – 22º
	Consignação em pagamento	5º
	Repetição do indébito	37º – 24º – 23º – 21º – 6º
	Mandado de segurança	19º – 14º – 11º – 9º – 7º
	Mandado de segurança coletivo preventivo	29º
	Anulatória de débito fiscal	34º – 31º
Exceção de pré-executividade		36º – 15º – 13º
Agravo de instrumento		33º – 26º – 18º – 17º – 12º – 8º
Apelação		35º – 32º – 30º – 25º – 20º – 16º
Recurso ordinário em mandado de segurança		28º
Agravo de instrumento ou mandado de segurança ou ação anulatória, ou ação declaratória de inexistência de débito		10º – 4º

8 • DAS PETIÇÕES EM GERAL

DIREITO EMPRESARIAL		
	PROVAS	EXAMES
Petição inicial	Ação de despejo	33º
	Ação de execução	4º
	Execução de título judicial	7º
	Ação de execução por quantia certa fundada em título executivo extrajudicial	14º – 27º
	Ação de restituição (ou pedido de restituição)	10º
	Ação de resolução de sociedade (ou resolução de sociedade em relação a um sócio ou dissolução parcial) c/c apuração de haveres (ou liquidação de cotas)	12º
	Ação de prestação de contas	15º
	Ação ou pedido de falência (ou ação de execução por título extrajudicial)	16º
	Ação de falência	37º
	Pedido (ou requerimento) de extinção das obrigações do falido	17º
	Pedido (ou requerimento) de recuperação judicial	19º
	Ação renovatória	20º
	Ação monitória	21º
	Ação de dissolução parcial	22º
	Ação revocatória	23º
	Ação de cobrança	26º
	Ação de obrigação de não fazer	28º
	Ação de cancelamento de protesto	29º
	Ação de dissolução parcial	31º
	Ação de impugnação de crédito proposta de forma incidental no processo de recuperação judicial	35º
	Embargos à execução	24º
	Embargos de terceiro	32º
Cumprimento de sentença arbitral		36º
Petição simples (requerimento)		5º
Contestação		6º
Contestação ao requerimento de falência		13º
Habilitação de crédito retardatária ou impugnação à relação de credores ou impugnação		8º
Incidente de desconsideração da personalidade jurídica		25º
Agravo de instrumento		34º – 30º – 9º
Apelação		18º
Recurso Especial		11º

Agora, iniciaremos o item referente aos **elementos essenciais das petições.**

A escolha da abordagem recai sobre uma petição inicial, por se tratar de peça mais abrangente, a qual abarca grande parte dos requisitos exigidos nas demais peças jurídicas.

A abordagem da petição inicial facilita o estudo comparativo entre as demais petições e a demonstração das semelhanças e diferenças entre elas. Aquilo que for específico de outras áreas jurídicas, como o Direito Penal, será tratado em parágrafo à parte.

8.1 ELEMENTOS ESSENCIAIS DA PETIÇÃO INICIAL

Do ponto de vista linguístico, as peças são estruturadas na forma de um requerimento, que é o gênero textual utilizado para pedir, solicitar ou requerer algo, judicialmente amparado.

Os elementos existentes no requerimento e nas petições são coincidentes, como se pode ver do quadro abaixo, que apresentam os itens exigidos em um e outro documento.

REQUERIMENTO	PETIÇÃO
Vocativo	Endereçamento
Preâmbulo	Qualificação das partes
Corpo do texto	Narrativa dos fatos, fundamentação e pedido
Fecho	Fecho
Local e data	Local e data
Assinatura	Assinatura

O art. 319 do CPC estabelece os requisitos **da petição inicial,** mas a norma serve de orientação para as demais petições (contestação, recursos, contrarrazões, inclusive do direito penal).

Vejamos a seguir um quadro com os elementos que, em geral, devem conter nas petições, consideradas as ressalvas constantes na coluna lateral:

ELEMENTOS ESSENCIAIS DAS PETIÇÕES	
1. Endereçamento ou cabeçalho	
2. Qualificação das partes	
3. Fundamento legal	
4. *Nomen iuris* da peça	Todas as peças
5. Fatos (circunstâncias, conflito, personagem, violação do direito)	
6. Fundamentos jurídicos	
7. Pedido	
8. Protesto por produção de provas	Exclusivo da petição inicial, da contestação e da reconvenção
9. Valor da causa	Exclusivo da petição inicial e da reconvenção
10. Opção pela audiência de conciliação e mediação	Exclusivo da petição inicial (cível)
11. Fecho	Todas as peças
12. Local, data	Todas as peças
13. Assinatura	Todas as peças

O conteúdo de cada item, por certo, variará a depender da situação-problema e do ramo do direito abordado.

O item relativo aos fundamentos jurídicos pode conter, por exemplo, preliminares (art. 337 do CPC), prejudiciais (prescrição e decadência), liminares, tutela de urgência, tutela de evidência, pedido de justiça gratuita, análise de requisitos de admissibilidade recursal, entre outros, a depender do tipo de petição.

É sempre bom memorizar os elementos acima para não cair no esquecimento nenhum item quando se for elaborar a petição.

Veremos cada elemento separadamente, não sem antes falarmos do preâmbulo das petições.

8.2 PREÂMBULO

Preâmbulo é a parte inicial da peça, em que contém o endereçamento, a qualificação das partes litigantes, o *nomen iuris* da peça e o fundamento legal. É, por assim dizer, a folha de rosto da petição, o cartão de visitas.

Vejamos, no quadro abaixo, um exemplo de preâmbulo que pode ser usado como esqueleto das petições iniciais em geral:

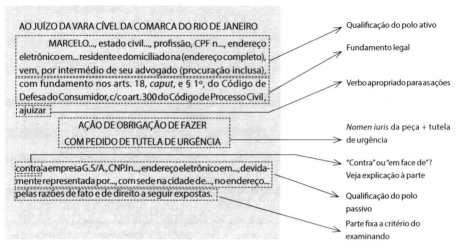

"Em face de" ou "contra":

Aqui, abriremos um parêntese para falar de um tema que suscita muita dúvida entre os profissionais do direito. Qual a preposição correta para usar no preâmbulo: "Em face de" ou "contra"?

Sob **a ótica gramatical**, o mais adequado seria empregar a preposição **CONTRA**, uma vez que, numa demanda, uma das partes do processo litiga **em contraposição à outra**.

> Fulano ajuizou ação contra sicrano.

> Trata-se de recurso interposto contra a sentença que...

A expressão "em face" é usada para além do seu significado usual, que é "em virtude de", "em razão de", "diante de":

> Fulano ajuizou ação em face de sicrano.

Ocorre que a discussão vai muito além da gramática e avança para o campo da doutrina jurídica.

O Prof. José Maria da Costa, em estudo aprofundado do tema, aponta a existência de duas correntes doutrinárias de abordagens distintas: a corrente moderna e a tradicionalista.

A **corrente moderna,** adepta do emprego da preposição **em face de**, apoia-se na teoria angular do processo, segundo a qual o processo vincula três pessoas, sendo elas o autor, o réu e o juiz, e o pedido formulado pelo autor é sempre dirigido **contra** o Estado e **em face do** réu. Então seria: o autor **contra** o Estado-Juiz **em face do** réu.

A **corrente tradicionalista,** por sua vez, simpatizante da fórmula tradicional **mover ação contra,** ancora-se na tese de que as partes figuram em juízo sempre como adversários "que se enfrentam em contenda judiciária, uma **contra** a outra".

Diante de tais ponderações, qual das correntes adotar?

Para o Prof. José Maria da Costa, quando a doutrina diverge, deve-se levar em conta as duas possibilidades. Portanto, quem escolhe é o postulante.

No âmbito legislativo, não há uniformidade.

O **CPC** é eclético e usa as duas formas:

> Há impedimento do juiz quando promover ação contra a parte ou seu advogado (art. 144, IX, CPC).

> É admissível ação monitória em face da Fazenda Pública (art. 700, § 6º).

O **CPP**, por sua vez, foi mais técnico, optando pelo emprego de apenas uma das formas: o "contra";

> A queixa contra qualquer dos autores do crime obrigará ao processo de todo... (art. 48, CPP).

Aspectos formais:

- O nome das partes pode vir escrito em letra de forma (caixa alta) ou cursiva (apenas com a inicial maiúscula);
- A qualificação das partes deve conter todos os dados exigidos na lei processual (art. 319, II, CPC e outras leis instrumentais);
- Tratando-se de pessoa jurídica, convém registrar o nome do respectivo representante legal... (sócio-gerente, presidente etc.);
- O *nomen iuris* da peça deve vir em letra de forma (caixa alta), inclusive a tutela de urgência (ou liminar), se houver;

- Deve haver espaçamento entre a identificação do autor e o *nomen iuris* da peça e entre este e a identificação do réu (em provas manuscritas, basta uma linha);
- Sempre deve haver referência ao advogado (ou procurador) e à procuração (anexa);
- O fundamento legal deve vir antes do *nomen iuris* da peça;
- Em petições como a contestação, réplica, recursos, contrarrazões deve ser incluída, após o endereçamento, uma epígrafe para indicar o número do processo já em curso e o nome das partes envolvidas. Somente deve haver epígrafe em processos já em curso. Veja exemplo de epígrafe de uma apelação:

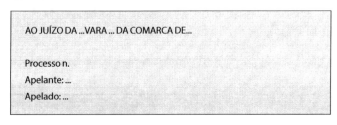

- Recomenda-se que entre os itens do preâmbulo (endereçamento, qualificação do autor, *nomen iuris* da peça e qualificação do réu) se aponha uma linha em branco para evitar que o trecho fique truncado.

No Direito Penal:

No direito penal, as peças que dão início à ação penal são denominadas "denúncia" – no caso de ação penal pública – ou queixa-crime – no caso de ação penal privada.

A denúncia, por ser de titularidade exclusiva do Ministério Público, não é exigida nos Exames de Ordem, restando, portanto, a queixa-crime nos casos em que o enunciado exigir a propositura de uma ação penal privada pelo ofendido.

O preâmbulo da queixa-crime contém, igualmente, o endereçamento, a qualificação completa do ofendido e do ofensor, o *nomen iuris* da peça e o fundamento legal.

Veja, no quadro abaixo, exemplo de preâmbulo de uma queixa-crime.

8 • DAS PETIÇÕES EM GERAL   75

> AO JUÍZO DA VARA CRIMINAL DA COMARCA DE...
>
> JOÃO..., estado civil, profissão, CPF..., residente e domiciliado na..., na cidade de..., CEP..., vem, por intermédio de seu advogado (procuração inclusa), com amparo nos arts. 30 e 41 do Código de Processo Penal, c/c o art. 100, § 2º, do Código Penal, promover a presente
>
> QUEIXA-CRIME
>
> contra Sérgio..., estado civil..., engenheiro, natural de..., nascido em ...., filho de .... e de ...., CPF n..., residente e domiciliado na ...., na cidade de ...., pela prática delituosa abaixo descrita.

Visto o preâmbulo, vamos agora aprofundar em cada um dos seus elementos, para, depois, abordarmos os demais itens das petições, pela ordem espacial, mostrando as devidas distinções conforme a área do direito.

8.3 ENDEREÇAMENTO OU CABEÇALHO

O endereçamento é requisito obrigatório de todas as petições jurídicas, inclusive das petições genéricas.

No tocante à petição inicial, o endereçamento é requisito previsto no art. 319, I, do novo CPC, o qual estabelece que "a petição inicial indicará **o juízo** a que é dirigida".

Atualmente, com as alterações introduzidas pelo CPC de 2015, **mudou a forma de endereçamento das petições**...

Recomenda a doutrina que as ações ajuizadas no primeiro grau de jurisdição não mais sejam dirigidas à pessoa física do magistrado (JUIZ), mas sim ao órgão julgador, ou seja, ao local em que o juiz exerce a jurisdição (JUÍZO).

O mesmo procedimento é adotado com relação às ações originárias dos Tribunais: as petições não são mais dirigidas ao desembargador ou ao ministro, mas AO TRIBUNAL, à exceção dos recursos constitucionais (recurso ordinário, recurso especial e recurso extraordinário), que são endereçados ao presidente ou vice-presidente do tribunal recorrido, como veremos adiante.

Assim, deve-se entender por "juízo", o órgão jurisdicional competente para processar e julgar a causa. Pode ser um juiz singular ou um tribunal, dependendo da ação a ser ajuizada.

Vejamos os seguintes exemplos, primeiro de petição dirigida ao juízo do primeiro grau de jurisdição e depois ao tribunal:

> AO JUÍZO DA VARA CÍVEL DA COMARCA DE MUZAMBINHO

> AO TRIBUNAL DE JUSTIÇA DO ESTADO DE MINAS GERAIS

O tratamento "Excelentíssimo"

O emprego do tratamento "Excelentíssimo" ficou reservado às seguintes situações:

1. Nas petições de interposição de recurso especial, de recurso ordinário constitucional e de recurso extraordinário, pois essas peças são endereçadas ao presidente ou vice-presidente do tribunal que proferiu o acórdão recorrido (art. 1.029, *caput*, do CPC);

> EXCELENTÍSSIMO SENHOR DESEMBARGADOR PRESIDENTE DO TRIBUNAL DE JUSTIÇA DO ESTADO DE MINAS GERAIS

2. Nas razões do recurso extraordinário, que serão endereçadas ao Presidente do STF; nas razões do recurso especial, que serão endereçadas ao Presidente do STJ; e nas razões do recurso ordinário constitucional, que serão endereçadas ao Presidente do STJ ou do STF a depender do caso;

> EXCELENTÍSSIMO SENHOR MINISTRO PRESIDENTE DO SUPREMO TRIBUNAL FEDERAL

3. Nas ações originárias dos tribunais superiores (STJ, TST, TSE, STM) e/ou do STF.

> EXCELENTÍSSIMO SENHOR MINISTRO PRESIDENTE DO SUPERIOR TRIBUNAL DE JUSTIÇA

Veja no quadro comparativo como era a antiga redação e como é hoje o endereçamento, com a nova redação do CPC:

Antes	Agora
EXCELENTÍSSIMO SENHOR JUIZ DE DIREITO DA VARA CÍVEL DA COMARCA DE CARACARAÍ	AO JUÍZO DA VARA CÍVEL DA COMARCA DE CARACARAÍ
EXCELENTÍSSIMO SENHOR PRESIDENTE DO TRIBUNAL DE JUSTIÇA DO ESTADO DE MATO GROSSO	AO TRIBUNAL DE JUSTIÇA DO ESTADO DE MATO GROSSO

Importância prática do endereçamento:

Na prática jurídica, a redação do endereçamento tem pouca importância, pois não trouxe alteração do ponto de vista processual. A alteração é apenas de natureza formal. Portanto, se a peça é dirigida ao Juízo ou ao Juiz não importa. Sabe-se que, de uma forma ou de outra, a peça chegará ao seu destino.

O mais relevante, na verdade, é a indicação correta do órgão jurisdicional competente para o julgamento da causa (veja mais adiante detalhes sobre a competência jurisdicional).

Em provas de concurso da área jurídica, no entanto, é de boa prática o candidato privilegiar a técnica e adotar o que recomenda a nova doutrina a respeito.

Na prova discursiva do último concurso do MPDFT, por exemplo, houve desconto na pontuação do candidato que não endereçou a peça AO JUÍZO...

Aspectos formais:

Do ponto de vista formal, o endereçamento obedece ao seguinte padrão:

- É escrito em caixa alta (versal) ⇒ No Exame de Ordem, em que a prova é manuscrita, escreve-se o endereçamento em letra de forma, todas do mesmo tamanho, sem distinção de maiúsculas e minúsculas;

- O texto deve estar justificado (sem recuo, alinhado da margem esquerda à direita da folha);

- O texto do endereçamento deve estar distanciado a três centímetros da margem superior e distante da qualificação das partes oito linhas, segundo o mesmo padrão dos requerimentos ⇒ Essa recomendação não se aplica ao Exame de Ordem, pois aconselha-se a pular apenas uma linha (ou nenhuma, caso assim queira o examinando) entre cada elemento da peça para não haver desperdício de espaço, lembrando que o espaço deixa a peça mais organizada e de fácil leitura;

- Não há negrito;

- Não há pontuação ao final.

Vejamos um exemplo:

AO JUÍZO DA VARA CÍVEL DA COMARCA DO RIO DE JANEIRO

MARCELO..., estado civil..., profissão, CPF..., residente na...

Abaixo, segue, de forma esquematizada, um quadro com exemplos de endereçamentos de petições, considerando o ramo do direito, a instância e a especialidade do juízo:

PETIÇÃO	INSTÂNCIA	ESPECIALIDADE	ENDEREÇAMENTO
Petição inicial	1ª	Justiça Comum	AO JUÍZO DA VARA CÍVEL (Fazenda, Família, Falências, Empresarial etc.). DA COMARCA DE... AO JUIZADO ESPECIAL CÍVEL DA COMARCA DE...
Denúncia	1ª		AO JUÍZO DA ... VARA CRIMINAL (do Tribunal do Júri, de Entorpecentes etc.) DA COMARCA DE...
		Justiça Comum	AO JUIZADO ESPECIAL CRIMINAL DA COMARCA DE...
Queixa-crime	1ª		AO JUÍZO DA ... VARA CRIMINAL DA COMARCA DE...
Petição inicial	1ª	Justiça Federal	AO JUÍZO DA... VARA FEDERAL (Cível, Fazendária) DA SEÇÃO JUDICIÁRIA DE/DO... AO JUÍZO DA... VARA FEDERAL (criminal) DA SEÇÃO JUDICIÁRIA DE/DO...
Petição inicial	1ª	Justiça Trabalho	AO JUÍZO DA VARA DO TRABALHO DE CUIABÁ
– Recurso (agravo de instrumento, outros recursos que se iniciam no Tribunal) – Petição inicial de ação originária	2ª	Tribunal de Justiça ou TRF ou TRT	AO TRIBUNAL DE JUSTIÇA DO ESTADO DE/DO... AO TRIBUNAL REGIONAL FEDERAL DA ... REGIÃO AO TRIBUNAL REGIONAL DO TRABALHO DA ... REGIÃO
Apelação (cível ou criminal), recurso em sentido estrito, recurso ordinário (trabalhista)	1ª 2ª	– A petição de interposição – As razões do recurso	AO JUÍZO DA VARA CÍVEL DA COMARCA DE... AO TRIBUNAL DE JUSTIÇA DO ESTADO DE/DO...
Recurso Extraordinário (RE), Recurso Especial (REsp) e Recurso Ordinário Constitucional (RO)	2ª	Tribunal recorrido	EXCELENTÍSSIMO SENHOR PRESIDENTE (ou Vice-Presidente) DO TRIBUNAL DE JUSTIÇA DO ESTADO DE/DO...
Razões dos Recursos Constitucionais Petição inicial de ações originárias de competência dos Tribunais Superiores ou do STF		STF/STJ/TST	EXCELENTÍSSIMO SENHOR PRESIDENTE DO SUPERIOR TRIBUNAL DE JUSTIÇA EXCELENTÍSSIMO SENHOR PRESIDENTE DO SUPREMO TRIBUNAL FEDERAL

Ainda quanto ao endereçamento, **o examinando deve atentar-se para as particularidades** da situação-problema levada à análise no enunciado da questão. Veja algumas delas:

- existência de **foro por prerrogativa de função**;
- existência de **foro de eleição** → a peça será dirigida ao juízo escolhido pelas partes litigantes;
- existência de **juízo prevento** → a distribuição será feita por dependência, com a devida abordagem nos fundamentos jurídicos da peça;
- **outros aspectos**, como o lugar do principal estabelecimento e sede da sociedade empresária (no caso de direito empresarial) etc.

Observações importantes:

Na Justiça do Distrito Federal, não se usa a denominação "comarca", mas "circunscrição judiciária".

Na Justiça Federal, existem as Seções Judiciárias, sediadas nas capitais do país e as Subseções Judiciárias, sediadas em cidades do interior.

A inclusão do Estado da federação, após a comarca, é facultativa, pois o critério para estabelecer a comarca é meramente judiciário e não político:

AO JUÍZO DA VARA CÍVEL DA COMARCA DE FLORIANÓPOLIS

ou

AO JUÍZO DA VARA CÍVEL DA COMARCA DE FLORIANÓPOLIS/SC

Nas Comarcas ou Seções Judiciárias onde houver mais de uma vara da mesma competência (caso isso venha indicado no enunciado da prova), convém deixar um espaço pontilhado o qual servirá para indicar que o processo deverá ser distribuído a uma delas. Somente após a distribuição, é possível saber a qual vara tocará o feito:

AO JUÍZO DA ... VARA CÍVEL DE MUZAMBINHO/MG

No caso de competência de tribunais, o nome deve vir completo, com a indicação do Estado respectivo, se for o caso:

AO TRIBUNAL DE JUSTIÇA DO ESTADO DO AMAZONAS

Outros aspectos:

Quando já houver **ação em curso**, as demais peças (contestação, réplica etc.) serão encaminhadas ao juízo onde tramita o feito, salvo em se tratando de recurso a ser interposto no próprio tribunal (agravo de instrumento etc.).

Recursos como **apelação** (cível ou criminal) e **recurso ordinário** (trabalhista) devem apresentar duas petições distintas: a petição de interposição, que será dirigida ao juízo de primeiro grau, e as razões de apelação, que serão dirigidas ao tribunal *ad quem*.

No caso de **agravo de instrumento**, tanto a petição quanto as razões devem ser dirigidas ao Tribunal competente para julgar o recurso.

As petições dos recursos constitucionais (recurso ordinário, especial e extraordinário) são endereçadas ao presidente ou vice-presidente do tribunal recorrido, e as razões, ao STJ ou STF, a depender da matéria a ser apreciada, se infraconstitucional ou constitucional, respectivamente.

No Direito Penal, a diferença é basicamente quanto à competência do juízo e não há maiores distinções quanto à redação do endereçamento.

Os quadros abaixo, separados por área de opção, contêm dados sobre endereçamentos de peças já exigidas em exames passados:

DIREITO CIVIL	
Petição inicial (ações em geral)	Perante o juízo de primeiro grau competente (estadual ou federal)
	AO JUÍZO DA VARA ... (cível, família, falências, meio ambiente, fazenda pública etc.) DA COMARCA DE...
	AO JUÍZO DA... VARA FEDERAL (cível) DA SEÇÃO JUDICIÁRIA DE...
Contestação / Reconvenção	Ao juízo onde tramita a ação, quando indicado no enunciado.
Réplica	Ao juízo onde tramita a ação, quando indicado no enunciado.
Agravo de instrumento	A petição de interposição e as razões são dirigidas ao tribunal competente para julgar o agravo.
Apelação	→ a petição de interposição é dirigida ao juízo de primeiro grau que proferiu a sentença.
	→ as razões de apelação são dirigidas ao tribunal competente para julgar o recurso.
Contrarrazões	Ao juízo de primeiro grau que proferiu a sentença.
Ação rescisória	Ao tribunal de segunda instância (estadual ou federal) competente para julgar a ação.
Recurso especial	→ A petição de interposição é dirigida ao presidente ou vice-presidente do tribunal recorrido;
	→ As razões são dirigidas ao STJ.

8 • DAS PETIÇÕES EM GERAL

DIREITO PENAL	
Denúncia / queixa-crime	Perante o juízo de primeiro grau competente (estadual ou federal) AO JUÍZO DA VARA... (Criminal, do Tribunal do Júri, Entorpecentes etc.) DA COMARCA DE... AO JUÍZO DA... VARA FEDERAL (criminal) DA SEÇÃO JUDICIÁRIA DE...
Resposta à acusação	Ao juízo onde tramita a ação, quando indicado no enunciado.
Alegações finais por memorial	Ao juízo onde tramita a ação, quando indicado no enunciado.
Apelação	→ a petição de interposição é dirigida ao juízo de primeiro grau que proferiu a sentença; → as razões de apelação são dirigidas ao tribunal competente para julgar o recurso.
Contrarrazões	Ao juízo de primeiro grau que proferiu a sentença ou Diretamente ao tribunal para o qual foram dirigidas as razões de apelação.
Agravo em execução penal	Ao tribunal competente para o julgamento do agravo.
Recurso em sentido estrito (rese)	→ a petição de interposição é dirigida ao juízo de primeiro grau que proferiu a decisão; → as razões do recurso são dirigidas ao tribunal competente para julgar o recurso.

DIREITO DO TRABALHO	
Reclamação trabalhista, ação de consignação em pagamento	Perante o juízo da vara do trabalho de primeira instância AO JUÍZO DA VARA DO TRABALHO DE...
Embargos à execução	Ao juízo da vara do trabalho onde tramita o processo de execução.
Contestação / Reconvenção	Ao juízo da vara do trabalho onde tramita a ação, quando indicado no enunciado.
Recurso ordinário	→ a petição de interposição é dirigida ao juízo de primeiro grau que proferiu a sentença; → as razões de apelação são dirigidas ao tribunal (TRT) competente para julgar o recurso.

DIREITO CONSTITUCIONAL	
Ação direta de inconstitucionalidade (ADI)	Ao Presidente do STF.
Ação de descumprimento de preceito fundamental (ADPF)	Ao Presidente do STF.
Ação civil pública	Ao foro do local onde ocorreu o dano (competência funcional) (art. 2º da Lei n. 7.347/85).

DIREITO CONSTITUCIONAL	
Ação popular	Ao juízo competente de acordo com a organização judiciária de cada Estado → a depender da origem do ato impugnado (o agente que praticou o ato lesivo).
Mandado de segurança	A depender da autoridade coatora (Juízo de primeiro grau, Tribunal Estadual, TRF, STJ, STF) (competência em razão do domicílio funcional onde situa a sede da autoridade coatora).
Agravo de instrumento	A petição de interposição e as razões são dirigidas ao tribunal competente para julgar o agravo.
Apelação	→ A petição de interposição é dirigida ao Juízo de primeiro grau que proferiu a sentença; → As razões de apelação são dirigidas ao Tribunal competente para julgar a apelação.
Recurso ordinário em mandado de segurança **(quando denegatória a decisão)**	→ decidido em única instância pelos Tribunais Estaduais e TRF → A petição é dirigida ao presidente ou vice-presidente do tribunal recorrido; as razões são dirigidas ao STJ; → decidido em única instância pelos tribunais superiores → A petição é dirigida ao presidente ou vice-presidente do tribunal recorrido; – as razões são dirigidas ao STF.
Recurso extraordinário	→ A petição de interposição é dirigida ao presidente ou vice-presidente do tribunal recorrido; → As razões são dirigidas ao STF.

DIREITO ADMINISTRATIVO	
Ações em geral	Perante o juízo de primeiro grau competente (estadual ou federal) AO JUÍZO DA VARA ... (cível ou fazenda pública) DA COMARCA DE... AO JUÍZO DA... VARA FEDERAL (cível ou fazendária) DA SEÇÃO JUDICIÁRIA DE...
Contestação / Reconvenção	Ao juízo onde tramita a ação, quando indicado no enunciado.
Ação civil pública	Ao foro do local onde ocorreu o dano (competência funcional) (art. $2º$ da Lei n. 7.347/85).
Ação popular	Ao juízo competente de acordo com a organização judiciária de cada Estado → a depender da origem do ato impugnado (o agente que praticou o ato lesivo).
Mandado de segurança	A depender da autoridade coatora (Juízo de primeiro grau, Tribunal Estadual, TRF, STJ, STF) (competência em razão do domicílio funcional onde situa a sede da autoridade coatora).
Agravo de instrumento	A petição de interposição e as razões são dirigidas ao tribunal competente para julgar o agravo.
Apelação	→ A petição de interposição é dirigida ao Juízo de primeiro grau que proferiu a sentença; → As razões de apelação são dirigidas ao Tribunal competente para julgar a apelação.

8 • DAS PETIÇÕES EM GERAL **83**

DIREITO ADMINISTRATIVO	
Recurso ordinário em mandado de segurança (quando denegatória a decisão)	→ decidido em única instância pelos Tribunais Estaduais e TRF → A petição é dirigida ao presidente ou vice-presidente do tribunal recorrido; as razões são dirigidas ao STJ; → decidido em única instância pelos tribunais superiores → A petição é dirigida ao presidente ou vice-presidente do tribunal recorrido; – as razões são dirigidas ao STF.

DIREITO TRIBUTÁRIO	
Ações em geral	Perante o juízo de primeiro grau competente (estadual ou federal) AO JUÍZO DA VARA ... (cível ou fazenda pública) DA COMARCA DE... AO JUÍZO DA... VARA FEDERAL (cível ou fazendária) DA SEÇÃO JUDICIÁRIA DE...
Contestação / reconvenção	Ao juízo onde tramita a ação, quando indicado no enunciado.
Exceção de pré-executividade	Ao juízo onde tramita a ação, quando indicado no enunciado.
Mandado de segurança	A depender da autoridade coatora (Juízo de primeiro grau, Tribunal Estadual, TRF, STJ, STF) (competência em razão do domicílio funcional onde situa a sede da autoridade coatora).
Agravo de instrumento	A petição de interposição e as razões são dirigidas ao tribunal competente para julgar o agravo.
Apelação	→ A petição de interposição é dirigida ao Juízo de primeiro grau que proferiu a sentença; → As razões de apelação são dirigidas ao Tribunal competente para julgar a apelação.
Ação rescisória	Ao Tribunal de segunda instância (estadual ou federal) competente para julgar a ação.
Recurso ordinário em mandado de segurança (quando denegatória a decisão)	→ decidido em única instância pelos Tribunais Estaduais e TRF → A petição é dirigida ao presidente ou vice-presidente do tribunal recorrido; as razões são dirigidas ao STJ; → decidido em única instância pelos tribunais superiores → A petição é dirigida ao presidente ou vice-presidente do tribunal recorrido; – as razões são dirigidas ao STF.

.DIREITO EMPRESARIAL	
Ações em geral	Perante o juízo de primeiro grau competente AO JUÍZO DA VARA ... (cível, empresarial ou fazendária) DA COMARCA DE...
Contestação / Reconvenção	Ao juízo onde tramita a ação, quando indicado no enunciado.
Agravo de instrumento	A petição de interposição e as razões são dirigidas ao tribunal competente para julgar o agravo.

.DIREITO EMPRESARIAL	
Apelação	→ A petição de interposição é dirigida ao Juízo de primeiro grau que proferiu a sentença; → As razões de apelação são dirigidas ao Tribunal competente para julgar a apelação.
Recurso especial	→ A petição de interposição é dirigida ao presidente ou vice-presidente do tribunal recorrido; → As razões são dirigidas ao STJ.

O endereçamento sob a ótima da FGV:

A FGV ainda não se preocupou em padronizar a forma de uso do endereçamento. É o que se percebe da análise dos padrões de respostas das diversas disciplinas do Exame de Ordem.

Há examinadores que prestigiam a nova forma (AO JUÍZO...), outros que ainda pendem para a forma antiga (AO EXCELENTÍSSIMO SENHOR JUIZ...) e os que admitem um simples (À VARA...). Sinal de que não estão priorizando propriamente a redação.

Todavia, independentemente da falta de uniformidade, a nossa sugestão é para que **o examinando privilegie a técnica** e redija o endereçamento **AO JUÍZO,** pois assim recomenda a moderna doutrina processual.

Para além da redação, o examinando tem que ficar atento à correta indicação da competência jurisdicional.

Regras gerais sobre a competência jurisdicional:

Veja, a seguir, algumas regras básicas, não exaustivas, sobre como é determinada a competência jurisdicional no Processo Civil (arts. 42/53 do CPC):

I – pelo registro ou pela distribuição da petição inicial (quando, na mesma circunscrição houver mais de um juiz igualmente competente);

II – pelas normas previstas no CPC ou em leis especiais ou em leis de organização judiciária ou na CRFB/88;

III – pelo domicílio do réu (em ação fundada em direito pessoal) ou do autor (se o réu não tiver residência ou domicílio no Brasil) ou em qualquer foro (se nenhum residir no Brasil);

IV – pelo foro da situação da coisa, para as ações fundadas em direito real;

V – por onde a obrigação deve ser satisfeita, para a ação em que se lhe exigir o cumprimento;

VI – pelo lugar do pagamento, na ação consignatória;

VII – pela prevenção;

VIII – pela prerrogativa de função ⇒ competência dos Tribunais; considera federal a autoridade coatora se as consequências de ordem patrimonial do ato impugnado houverem de ser suportadas pela União ou entidade por ela controlada.

E no Processo Penal (art. 69 do CPP):

I – o lugar da infração;

II – o domicílio ou residência do réu (se não conhecido o lugar da infração);

III – a natureza da infração (Tribunal do Júri ou leis de organização judiciária);

IV – a distribuição (quando, na mesma circunscrição houver mais de um juiz igualmente competente;

V – a conexão ou continência;

VI – a prevenção;

VII – a prerrogativa de função.

Para estabelecer a competência do órgão jurisdicional, seja em matéria cível ou penal, recomenda-se fazer o seguinte raciocínio:

1º) Estabelecer a competência da jurisdição:

Deve-se analisar primeiro qual a justiça competente para o julgamento da demanda: o STF? O STJ? A Justiça Federal? Alguma das Justiças Especializadas (trabalhista, eleitoral, militar?)

A competência da Justiça Estadual (e do DF) tem caráter residual, ou seja, é determinada por exclusão, cabendo-lhe processar e julgar as demandas que não forem da competência dos demais órgãos jurisdicionais.

2º) Estabelecer a competência territorial (ou competência de foro):

Deve-se analisar onde será proposta a ação: no domicílio do autor, do réu, do falecido, no foro da situação da coisa, no lugar onde a obrigação deve ser satisfeita, no lugar da prestação do serviço, no lugar do pagamento, no lugar onde se consumou a infração, no lugar onde foi praticado o último ato de execução (tentativa), no local do dano (ação civil pública), no juízo competente de acordo com a organização judiciária de cada Estado (ação popular) etc.

3º) Estabelecer a competência do juízo:

Deve-se estabelecer qual o órgão judiciário competente para conhecer e julgar a demanda.

Veja se o enunciado permite identificar a organização judiciária local, por exemplo se há juízo fazendário ou as matérias cíveis correm no juízo cível.

Nesse caso, leva-se em conta:

- a matéria (criminal, eleitoral, cível, família, sucessões, fazenda pública, meio ambiente etc.);

- o valor da causa: causas que não excedam o valor de 40 salários mínimos: juizados especiais cíveis;

- a natureza da infração penal (júri = crimes dolosos contra a vida), (vara criminal = crimes comuns), (juizado especial criminal = infrações de menor potencial ofensivo);
- a pessoa (quem são as pessoas envolvidas, se possuem foro por prerrogativa de função);
- a atribuição dos órgãos jurisdicionais (funcional);
- a dependência (art. 286, CPC).

4º) Estabelecer a competência em razão da distribuição:

A competência em razão da distribuição é estabelecida quando na comarca ou na seção judiciária houver mais de uma vara da mesma competência para julgar a matéria.

No Rio de Janeiro, por exemplo, existem inúmeras varas cíveis, de igual competência para julgar matérias de natureza cível. Ajuizado um processo cível, ele será distribuído aleatoriamente e por sorteio a uma das varas cíveis, de igual competência (art. 285 do CPC).

Nos casos de comarcas em que haja mais de um juízo de uma mesma especialidade para julgar a causa, deve-se deixar uma lacuna antes da palavra Vara.

A lacuna é indicada, no Exame de Ordem, com reticências:

AO JUÍZO DA ... VARA CÍVEL DA COMARCA DE PONTA PORÃ.

Veja como indicar o foro, o juízo e a distribuição, no caso de competência da justiça estadual.

AO JUÍZO DA (1) VARA (2) DA COMARCA DE (3)

    1. Competência em razão da distribuição (se for o caso);
    2. Competência do juízo;
    3. Competência territorial.

Posto tudo isso, recomenda-se, ao elaborar o endereçamento, atentar-se para:

- se o enunciado indica que há demanda em curso em determinada vara de determinada comarca (caso de contestação, reconvenção, resposta à acusação, alegações finais por memorial etc.) ⇒ A peça deverá ser endereçada à vara onde tramita a ação:

> AO JUÍZO DA VARA CÍVEL (OU CRIMINAL) DA COMARCA DE SÃO LEOPOLDO

- se o enunciado indica a existência de mais de uma vara da mesma competência na comarca ou na seção judiciária ⇒ Deve-se inserir uma lacuna pontilhada antes da palavra vara, para indicar que o processo será distribuído a uma das varas de igual competência:

> AO JUÍZO DA... VARA CÍVEL (OU CRIMINAL) DA COMARCA DE SÃO LEOPOLDO

- se o enunciado da peça indica a existência de apenas uma vara de determinada competência ⇒ Não será necessária a inserção das reticências antes da palavra "vara":

> AO JUÍZO DA VARA CÍVEL (OU CRIMINAL) DA COMARCA DE SÃO LEOPOLDO

- se o enunciado da peça indica a existência de vara única ou vara de competência geral ⇒ Deve-se redigir assim o endereçamento:

> AO JUÍZO DA VARA ÚNICA DA COMARCA DE...

ou

> AO JUÍZO DA VARA DE COMPETÊNCIA GERAL DA COMARCA DE...

O examinando deve ficar atento à redação do endereçamento, pois, em geral, a banca examinadora desconta de 0,10 a 0,20 pontos por erro desse item, a depender da complexidade da peça.

Petições de recursos:

Veja agora modelo de petição contendo o termo e as razões do recurso em peças distintas, usuais nas apelações (cível e criminal), recurso ordinário (constitucional e trabalhista), recurso especial e recurso extraordinário.

O esqueleto abaixo serve de modelo para as petições em geral, observadas as devidas distinções de cada ramo do direito. Os itens em negrito indicam onde deverão ser feitas as devidas adaptações de acordo com o tipo de peça exigida.

Com exceção da petição inicial, as demais peças devem conter a epígrafe, que consiste na indicação do número do processo em tramitação e os nomes das partes:

- **autor e réu** – na contestação;
- **apelante e apelado** – na apelação;
- **agravante e agravado** – no agravo de instrumento;
- **recorrente e recorrido** – no recurso ordinário trabalhista ou constitucional, no recurso especial e no extraordinário etc.

Veja agora os esqueletos: primeiro da petição de interposição; depois, das razões de recurso.

AO JUÍZO DA ...VARA ... DA COMARCA DE...

Processo n.
Apelante: ...
Apelado: ...

     Marcelo, já devidamente qualificado nos autos do processo em epígrafe, inconformado com a sentença que julgou improcedente o pedido inicial, vem, por meio do seu advogado (procuração inclusa), com fundamento no art. ... interpor a presente

APELAÇÃO

a qual preenche todos os requisitos legais de admissibilidade (cabimento, tempestividade, preparo etc.) e segue com as razões em anexo para apreciação pelo Tribunal.

     Nesses termos,

     pede deferimento.

     Local..., data...

ADVOGADO...
OAB...

AO TRIBUNAL DE JUSTIÇA DO ESTADO DE/DO...

Processo n.
Apelante: ...
Apelado: ...

RAZÕES DE APELAÇÃO

     Senhor Presidente,

1. DOS FATOS: [...]
2. DAS RAZÕES PARA A REFORMA: [...]
3. DO PEDIDO: [...]
Local..., data...

ADVOGADO...
OAB...

8.4 QUALIFICAÇÃO DAS PARTES

- É item obrigatório da petição inicial previsto no art. 319, II, do CPC.

- Consiste em indicar os dados pessoais a fim de garantir a correta identificação das partes litigantes, evitar a homonímia e possibilitar a sua locação para eventual cumprimento de sentença.

- Os dados obrigatórios são os seguintes: nomes, prenomes, estado civil, existência de união estável (se for o caso), profissão, CPF ou CNPJ, endereço eletrônico, domicílio e residência **do autor e do réu.**

- Aplica-se o art. 319, II, CPC não somente ao direito civil, mas também ao constitucional, administrativo, tributário, empresarial, trabalhista e até penal. Pode ser aplicado como fonte principal ou subsidiária.

- A qualificação completa somente é obrigatória **na petição inicial**. Nas demais petições (contestação, réplica, recursos) basta citar os nomes com o acréscimo "já devidamente qualificado(a) nos autos". Todavia, não é proibida a qualificação completa, como preferem alguns candidatos. Essa prática, no entanto, é pouco recomendada, pois faz com que o examinando perca preciosas linhas que poderão ser necessárias depois. Do ponto de vista técnico, constitui um excesso, tendo em vista que as partes já se encontram qualificadas na inicial. Mas esse excesso não prejudica a nota do candidato.

- Dados como RG e nacionalidade não são obrigatórios, mas também não são proibidos. O excesso não prejudica a pontuação, salvo quando se se tratar de inserção de dado fictícios não contidos no enunciado. A recomendação, no entanto, é para não inseri-los, porque desnecessários.

- É de rigor coletar os dados fornecidos no enunciado (ex.: Marcelo, engenheiro) e sinalizar com reticências os omitidos (estado civil..., CPF ..., endereço eletrônico... etc.).

- É preciso atentar-se para o tipo de peça a ser elaborada, pois, a depender do caso, há outros dados a serem incluídos além dos previstos no CPC.

- Petições de agravo de instrumento, mandado de segurança e ação popular, por exemplo, exigem dados extras.

- Não se deve confiar na memória. Recomenda-se sempre fazer um checklist e conferir se foram incluídos todos os dados obrigatórios, à medida que forem lançados na folha de resposta.

- Deve-se consultar sempre o Código ou a lei especial que regem as normas da petição a ser elaborada: se a peça for um agravo de instrumento, por exemplo, recomenda-se ler todo o capítulo do CPC correspondente.

Normas especiais:

Tratando-se de peça prevista em lei especial (mandado de segurança, ação direta de inconstitucionalidade, ação popular, ação civil pública etc.), conjugue-a com o CPC, se for o caso, lembrando que a lei especial prevalece sobre a geral quando conflitarem. Não havendo o conflito, preencha a peça com os dados indicados em ambas as normas.

Para exemplificar, segue um quadro com algumas normas especiais e os dados exigidos, os quais devem ser conjugados com CPC:

DADOS PESSOAIS EXIGIDOS EM LEIS ESPECIAIS	
Ação popular	CPC + Título de eleitor (inclusive cópia do documento).
Mandado de segurança	CPC + autoridade coatora e a pessoa jurídica que esta integra, a qual se acha vinculada ou da qual exerce atribuições (art. 6º da Lei n. 12.016/2009).
Ação direta de inconstitucionalidade	CPC + indicação do dispositivo da lei ou do ato normativo impugnado e os fundamentos de direito em relação a cada uma das impugnações;
	Deve-se mencionar que a petição será instruída com cópias da lei ou do ato normativo impugnado e dos documentos necessários para comprovar a impugnação (art. 3º da Lei n. 9.868/1999).
Ação direta de inconstitucionalidade por omissão	CPC + indicação da omissão inconstitucional total ou parcial quanto ao cumprimento de dever constitucional de legislar ou quanto à adoção de providência de índole administrativa; (art. 12-B, I, da Lei n. 9.868/1999).

Veja como fica o preâmbulo com a qualificação das partes em **uma contestação**, valendo o mesmo para a apelação, recurso em sentido estrito e outros interpostos no primeiro grau:

AO JUÍZO DA VARA...

Processo n...
Autor: Hugo
Réu: Marcelo

    MARCELO..., já devidamente qualificado nos autos... vem, por intermédio de seu advogado (procuração inclusa), com fundamento nos arts. 18, *caput*, e § 1º, do Código de Defesa do Consumidor, c/c art. 335 do Código de Processo Civil, oferecer

CONTESTAÇÃO

ao pedido inicial formulado for HUGO..., também já devidamente qualificado, pelas razões de fato e de direito a seguir expostas.

Observações importantes:

- Inclua todos os dados necessários e os legalmente exigidos.
- Não inclua dados inexistentes nem modifique a qualificação quando fornecida no caderno de prova: se o enunciado disser que a parte é "solteiro(a)", escreva, no lugar de "estado civil" a palavra "solteiro(a)".
- Se for o caso de união estável, escreva: "convivente em união estável".
- É optativo o uso de letra de forma (caixa alta) para realçar os nomes das partes litigantes. Caso você opte por usá-la, faça-o no nome de ambas as partes em respeito à simetria das formas.
- O nome próprio da parte (Carlos, Mário, Simone) somente aparece no preâmbulo da petição. Nos demais capítulos da peça (fatos, fundamentos de direito, pedido), é preferível recorrer-se a termos técnicos previstos na lei processual como autor, réu, exequente, executado, embargante, embargado, apelante, apelado, agravante, agravado etc.
- Devem ser incluídos os dados omitidos pela banca seguidos de reticências ou de XXX. com preferência pelas reticências, menos poluentes;

Veja abaixo um exemplo de redação, considerando que os dados fornecidos no enunciado foram apenas o nome (Marcelo) e a profissão (engenheiro).

Os dados omitidos pela banca podem vir seguidos de reticências ou de XXX, com preferência pelas primeiras. Veja a diferença entre as formas:

Marcelo..., estado civil..., engenheiro, CPF..., endereço eletrônico em..., residente e domiciliado na...,

Marcelo XXX, estado civil XXX, engenheiro, CPF XXX, endereço eletrônico em XXX, residente e domiciliado na XXX,

---

A qualificação em esquema:

Agora, segue abaixo, de forma esquematizada, um quadro contendo os dados pessoais exigidos em diversos tipos de peças jurídicas.

Os quadros abrangem a área cível, penal e trabalhista.

O conteúdo do quadro relativo ao direito civil aplica-se também às matérias correlatas (direito administrativo, constitucional, tributário, empresarial).

DIREITO CIVIL E MATÉRIAS CORRELATAS	
PETIÇÃO JURÍDICA	**DADOS PESSOAIS**
Petição inicial	Nomes, prenomes, estado civil, existência de união estável, profissão, número de inscrição no Cadastro de Pessoas Físicas ou no Cadastro Nacional da Pessoa Jurídica, endereço eletrônico, domicílio e residência do autor e do réu (art. 319, II, n/CPC).
Contestação/Reconvenção	Partes já devidamente qualificadas nos autos.
Réplica	Partes já devidamente qualificadas nos autos.
Agravo de instrumento	Recurso dirigido diretamente ao tribunal competente. Petição com os seguintes requisitos: – os nomes das partes; – o nome e o endereço completo dos advogados constantes do processo (art. 1.016 n/CPC).
Apelação	Petição de interposição dirigida ao juízo de primeiro grau, que conterá: – os nomes e a qualificação das partes (art. 1.010 n/CPC). Nas razões, basta haver a epígrafe com nome das partes.
Contrarrazões	Partes já devidamente qualificadas nos autos.
Recurso especial	Não há referência sobre a qualificação das partes ⇒ partes já devidamente qualificadas nos autos.
Recurso extraordinário	Não há referência sobre a qualificação das partes ⇒ partes já devidamente qualificadas nos autos.
Ação rescisória	Qualificação completa.

Veja agora os quadros relativos ao Direito Penal e Direito do Trabalho:

DIREITO PENAL	
PETIÇÃO JURÍDICA	**DADOS PESSOAIS**
Denúncia ou queixa-crime	A denúncia conterá a exposição do fato criminoso, com todas as suas circunstâncias, **a qualificação do acusado ou esclarecimentos pelos quais se possa identificá-lo**, a classificação do crime e, quando necessário, o rol das testemunhas (art. 41 CPP).
Resposta à acusação	Parte já devidamente qualificada nos autos.
Alegações finais	Parte já devidamente qualificada nos autos.
Apelação	Parte já devidamente qualificada nos autos.
Contrarrazões	Parte já devidamente qualificada nos autos.
Recurso especial	Parte já devidamente qualificada nos autos.
Recurso extraordinário	Parte já devidamente qualificada nos autos.
Agravo em execução penal	Parte já devidamente qualificada nos autos.
Recurso em sentido estrito	Qualificação completa.
Revisão criminal	Qualificação completa.

DIREITO DO TRABALHO	
PETIÇÃO JURÍDICA	**DADOS PESSOAIS**
Reclamação trabalhista, ação de consignação em pagamento, embargos à execução	A qualificação do reclamante e do reclamado (art. 841 da CLT) → art. 319, II, CPC.
Contestação	Partes já devidamente qualificadas nos autos.
Recurso Ordinário	Partes já devidamente qualificadas nos autos.

8.5 NOMEN IURIS DA PEÇA (NOMENCLATURA DA PETIÇÃO)

O *nomen iuris* da peça, embora não esteja incluído entre os requisitos do art. 319 do CPC, é uma formalidade exigida nas petições em geral, especialmente no Exame de Ordem.

Segundo consta do edital, a "indicação correta da peça prática é verificada no *nomen iuris* da peça concomitantemente com o correto e completo fundamento legal, empregado para justificar tecnicamente a escolha feita".

Para a FGV, será considerada adequada a peça que esteja em conformidade com a solução indicada no padrão de resposta da prova.

O *nomen iuris* é o primeiro elemento a ser desvendado na hora de elaborar a peça. Somente depois de identificada a peça é que será possível preencher com exatidão os demais elementos. Há peças que exigem a indicação de dados que outras não exigem.

O acerto do *nomen iuris* da peça deve levar em conta aspectos de natureza processual e de natureza material. Primeiro, o examinando terá que descobrir qual é o meio processual adequado para levar a sua pretensão ao judiciário (petição inicial, contestação, recurso etc.). Depois, terá que estabelecer qual o conteúdo de direito material (usucapião, alimentos, divórcio) vai levar para obter o direito pleiteado.

Sobre o *nomen iuris* das petições, cabe registrar como curiosidade, que o CNJ lançou, por meio da Resolução n. 12, de 14 de fevereiro de 2006, as tabelas processuais unificadas, que visam padronizar, em âmbito nacional, as nomenclaturas e as terminologias utilizadas pelo Judiciário no cadastramento de processos judiciais e administrativos.

Aspectos formais:

- o *nomen iuris* da peça é escrito em caixa alta (letra de forma de único tamanho), centralizado e distanciado dos parágrafos, anterior e posterior, correspondentes à qualificação das partes. No Exame de Ordem, esse distanciamento não é obrigatório.

- Se houver pedido de tutela de urgência, deve ser indicado embaixo do *nomen iuris,* também em caixa alta e centralizado.
- Não se deve usar o reforço da caneta para indicar o negrito. Isso pode ser interpretado como tentativa de identificação na prova.

Veja um exemplo de *nomen iuris* da peça:

AÇÃO DE OBRIGAÇÃO DE FAZER
COM PEDIDO DE TUTELA DE URGÊNCIA

Como desvendar a petição:

Para desvendar a peça a ser elaborada, o examinando deve seguir os seguintes passos:

1) Conferir a área do direito de sua escolha: civil, penal, trabalho, constitucional, administrativo, tributário, empresarial;

2) Averiguar o direito processual correspondente: processo civil, do trabalho ou penal;

3) Conhecer o *iter* processual, ou seja, o caminho a ser percorrido desde a inicial até o último recurso cabível.

Veja nos quadros abaixo, que estão separados por ramo do direito, o caminho a ser percorrido por um advogado na condução de um processo e, em seguida, pequenas orientações para desvendar o *nomen iuris* da peça.

DIREITO CIVIL – *ITER* PROCESSUAL								
petição inicial	*citação*	contestação	Réplica	*sentença*	Apelação	contrarazões	*acórdão*	REsp
ação de conhecimento,	*(juiz)*	reconvenção		*(juiz)*			*(tribunal)*	e
embargos à execução,		impugnação						RE
embargos de terceiro								
→	→	→	→	→	→	→	→	→

DIREITO CIVIL – COMO DESVENDAR A PEÇA	
Se há conflito de interesses de seu cliente e não há ação	**Petição inicial (diversas ações) (alimentos, despejo, consignação em pagamento, obrigação de fazer, usucapião, reintegração de posse, embargos à execução, embargos de terceiro etc.)**
Se há ação movida contra seu cliente	**Contestação ou Reconvenção ou Contestação + Reconvenção**
Se há execução → citação → determina pagamento → oposição à execução, independentemente de penhora, depósito ou caução	**Embargos à execução**

8 • DAS PETIÇÕES EM GERAL **95**

DIREITO CIVIL – COMO DESVENDAR A PEÇA	
Quem, não sendo parte no processo, sofrer constrição ou ameaça de constrição sobre bens que possua ou sobre os quais tenha direito incompatível com o ato constritivo	**Embargos de terceiro**
Se há pretensão de pagar e recusa em receber	**Consignação em pagamento**
Pagamento em duplicidade ou a maior	**Repetição do indébito**
Recusa a pagamento de dívida	**Cobrança**
Causar dano a outrem por ato ilícito	**Responsabilidade civil – reparação de danos/ indenizatória**
Inadimplemento contratual	**Resolução do contrato**
Exigir do devedor capaz, com base em prova escrita sem eficácia de título executivo (pagamento, entrega, adimplemento etc.)	**Ação monitória**
Pedido para ser reintegrado na posse (provar a posse)	**Reintegração de posse**
Pedido para ser mantido na posse (provar a posse)	**Manutenção de posse**
Posse de área urbana, como se fosse própria, de até 250m², por 5 anos ininterruptos, sem oposição, em uso para moradia sua ou da família, desde que não seja proprietário de outro imóvel urbano ou rural	**Usucapião especial urbano**
Decisão interlocutória de juiz	**Agravo de instrumento**
Sentença (com ou sem resolução do mérito)	**Apelação**
Sentença ou acórdão transitado em julgado – extinção em dois anos contados da última decisão proferida no processo	**Ação rescisória**
Acórdão proferido por tribunal de segunda instância (matéria infraconstitucional)	**Recurso Especial (STJ)**
Acórdão proferido por tribunal de segunda instância (matéria constitucional)	**Recurso Extraordinário (STF)**

DIREITO PENAL – *ITER* PROCESSUAL								
denúncia / queixa-crime / medidas garantidoras →	*citação* *(juiz)* →	resposta à acusação →	alegações finais por memorial →	*sentença* *(juiz)* →	apelação →	contrarrazões →	*acórdão* *(tribunal)* →	REsp e RE →

DIREITO PENAL – COMO DESVENDAR A PEÇA

Se há crime de ação penal pública	**Denúncia (→ exclusivo do MP)**
Se há crime de ação penal privada praticado contra seu cliente	**Queixa-crime**
Se há queixa-crime contra seu cliente	**Resposta à acusação**
Se há denúncia (ou queixa-crime), resposta à acusação, audiência de instrução e memorial do MP	**Alegações finais por memorial**
Se há decisão do juiz da Vara de Execução Penal prejudicial a seu cliente	**Agravo em execução penal**
Se há qualquer das hipóteses do art. 581 do CPP	**Recurso em sentido estrito**
Se há decisão do juiz da Vara de Execução Penal	**Agravo em execução penal**
Se há sentença	**Apelação**
Se há apelação	**Contrarrazões**
Se há apelação julgada por maioria de votos e um voto favorável ao réu	**Embargos infringentes criminais**
Se há sentença ou acórdão transitado em julgado – até o prazo de dois após o trânsito em julgado	**Revisão criminal**
Se há acórdão proferido por tribunal de segunda instância (matéria infra-constitucional)	**Recurso Especial (STJ)**
Se há acórdão proferido por tribunal de segunda instância (matéria cons-titucional)	**Recurso Extraordinário (STF)**

DIREITO DO TRABALHO – *ITER* PROCESSUAL

petição inicial	*citação*	contestação	réplica	*sentença*	recurso	contrarrazões	*acórdão*	RE
(reclamação trabalhista)	*(juiz)*	reconvenção impugnação		*(juiz)*	ordinário		*(tribunal)*	
(ação de consignação em pagamento)								
(embargos à execução)								
(embargos de terceiro) →	→	→	→	→	→	→	→

DIREITO DO TRABALHO – COMO DESVENDAR A PEÇA

Ação movida pelo empregado contra o empregador (pessoa física ou jurídica)	**Reclamação Trabalhista**
Se há reclamação trabalhista do empregado	**Contestação**
Se existe pretensão de pagar e recusa em receber	**Consignação em pagamento**
Se há execução – garantia em juízo ou bens penhorados	**Embargos à Execução (alegação de cumprimento da decisão ou do acordo, quitação ou prescrição da dívida)**

8 • DAS PETIÇÕES EM GERAL   97

DIREITO DO TRABALHO – COMO DESVENDAR A PEÇA	
Se há embargos à execução	**Impugnação aos embargos**
Das decisões do juiz ou Presidente, nas execuções trabalhistas (efeito suspensivo)	**Agravo de Petição**
Dos despachos que denegarem a interposição de recurso	**Agravo de Instrumento**
Decisão (definitiva ou terminativa)	**Recurso Ordinário para o TRT (cabimento, tempestividade e preparo)**
Decisão do TRT em processo de sua competência originária (dissídios coletivos, mandados de segurança, ação rescisória etc.)	**Recurso Ordinário para o TST**
Decisão do TRT de caráter ordinário e de dissídio individual ou para uniformizar jurisprudência	**Recurso de Revista (TST)**
Recursos em que se discute matéria constitucional	**Recurso Extraordinário (STF)**

DIREITO CONSTITUCIONAL – *ITER* PROCESSUAL							
petição inicial (ação direta de inconstitucionalidade, arguição de descumprimento de preceito fundamental, mandado de segurança etc.) →	*notificação da autoridade coatora* *(juiz)* →	Informações (autoridade coatora) →	*sentença* *(juiz)* *ou* *acórdão* *(tribunal)* →	apelação →	Contrarrazões →	*acórdão* *(tribunal)* →	REsp ou RE REsp ou RE →

DIREITO CONSTITUCIONAL – COMO DESVENDAR A PEÇA	
Direito líquido e certo, ação de rito célere, não incidência de honorários da sucumbência, prova pré-constituída	**Mandado de Segurança**
Ações de responsabilidade por danos morais e patrimoniais causados ao meio ambiente, consumidor, interesse difuso ou coletivo (MP, Defensoria, União, DF, Estados, Municípios etc.) → Lei n. 7.347/1985	**Ação Civil Pública**
Ações de responsabilidade por danos morais e patrimoniais causados ao meio ambiente, consumidor, interesse difuso ou coletivo (MP, Defensoria, União, DF, Estados, Municípios etc.) → Lei n. 7.347/1985	**Ação Civil Pública**
Preceitos fundamentais ligados diretamente aos valores supremos da sociedade e do Estado. Controle concentrado de inconstitucionalidade que abrange atos normativos ou não normativos quando não houver outro meio eficaz	**Arguição de Descumprimento de Preceito Fundamental**

DIREITO CONSTITUCIONAL – COMO DESVENDAR A PEÇA

Decisão interlocutória de juiz (concede ou nega liminar etc.)	**Agravo de instrumento**
Sentença (com ou sem resolução do mérito)	**Apelação**
Sentença ou acórdão transitado em julgado	**Ação rescisória**
Acórdão proferido em mandado de segurança originário do Tribunal que denega a segurança	**Recurso ordinário em mandado de segurança**
Acórdão proferido em mandado de segurança originário do Tribunal que concede a segurança	**Recurso Especial e/ou Recurso Extraordinário**
Acórdãos proferidos em outras ações/recursos (matéria infraconstitucional)	**Recurso Especial (STJ)**
Acórdãos proferidos em outras ações/recursos (matéria constitucional)	**Recurso Extraordinário (STF)**

DIREITO ADMINISTRATIVO – *ITER* PROCESSUAL

petição inicial (ação de conhecimento, ação de responsabilidade civil, ação civil pública, ação popular, ação anulatória etc.) →	*citação* *(juiz)* →	contestação reconvenção impugnação →	Réplica →	*sentença* *(juiz)* →	Apelação →	contrar-razões →	*acórdão* *(tribunal)* →	REsp, e RE →

DIREITO ADMINISTRATIVO – COMO DESVENDAR A PEÇA

Direito líquido e certo, ação de rito célere, não incidência de honorários da sucumbência, prova pré-constituída	**Mandado de Segurança**
Ações de responsabilidade por danos morais e patrimoniais causados ao meio ambiente, consumidor, interesse difuso ou coletivo (MP, Defensoria, União, DF, Estados, Municípios etc.) → Lei n. 7.347/1985	**Ação Civil Pública**
Anulação ou declaração de nulidade de ato lesivo ao patrimônio da União, DF, Estados, Municípios, entidades autárquicas, sociedade de economia mista (qualquer cidadão) → Lei n. 4.717/1965	**Ação Popular**
Decisão interlocutória de juiz (concede ou nega liminar etc.)	**Agravo de instrumento**
Sentença (com ou sem resolução do mérito)	**Apelação**
Sentença ou acórdão transitado em julgado	**Ação rescisória**
Acórdão proferido em mandado de segurança originário do Tribunal que denega a segurança	**Recurso ordinário em mandado de segurança**
Acórdãos proferidos em outras ações/recursos (matéria infraconstitucional)	**Recurso Especial (STJ)**
Acórdãos proferidos em outras ações/recursos (matéria constitucional)	**Recurso Extraordinário (STF)**

8 • DAS PETIÇÕES EM GERAL **99**

DIREITO TRIBUTÁRIO – *ITER* PROCESSUAL								
petição inicial (ação de conhecimento, repetição do indébito, anulatória de débito fiscal, embargos à execução, consignação em pagamento, declaratória de inexistência de relação jurídica etc.) →	*citação* *(juiz)* →	contestação reconvenção impugnação →	réplica (alguns casos) →	*sentença* *(juiz)* →	Apelação →	contrar-razões →	*acórdão* *(tribunal)* →	Resp. e RE →

DIREITO TRIBUTÁRIO – COMO DESVENDAR A PEÇA	
Se existe execução fiscal → citação → intimação da penhora → garantia do juízo	**Embargos à execução**
Se existe pretensão de pagar e recusa em receber	**Consignação em pagamento**
Pagamento em duplicidade ou a maior	**Repetição do indébito**
Se existe lançamento de débito inscrito na dívida ativa	**Ação anulatória de débito fiscal**
Se existe execução fiscal → defesa nos próprios autos da execução, matéria de ordem pública, cognoscível de ofício pelo juiz	**Exceção de pré-executividade**
Apreensão de mercadorias, lançamento indevido de tributo, autuação ou interdição de entidade para forçar pagamento de tributo Risco de sucumbência → honorários advocatícios; rito célere; dispensa de instrução probatória	**Mandado de segurança**
Decisão interlocutória de juiz (nega liminar em mandado de segurança, rejeita liminar em exceção de pré-executividade; autoriza, no cumprimento de sentença, a liberação do pagamento e deduz alíquota de IR)	**Agravo de instrumento**
Sentença (com ou sem resolução do mérito)	**Apelação**
Sentença ou acórdão transitado em julgado	**Ação rescisória**
Decisão de desembargador relator que não conheceu de apelação por considerá-la improcedente	**Agravo interno**
Acórdão proferido em mandado de segurança originário do Tribunal que denega a segurança	**Recurso ordinário em mandado de segurança (STJ)**
Acórdão proferido em mandado de segurança originário do Tribunal que concede a segurança (matéria infraconstitucional)	**Recurso Especial (STJ)**
Acórdão proferido em mandado de segurança originário do Tribunal que concede a segurança (matéria constitucional)	**Recurso Extraordinário (STF)**

DIREITO EMPRESARIAL – *ITER* PROCESSUAL								
petição inicial	*citação* (juiz)	contestação reconvenção impugnação	Réplica	*sentença* (juiz)	Apelação	contrar-razões	*acórdão* (tribunal)	REsp e RE
→	→	→	→	→	→	→	→	→

DIREITO EMPRESARIAL – COMO DESVENDAR A PEÇA	
Pedido feito pelo proprietário do bem arrecadado no processo de falência ou que se encontre em poder do devedor na data da decretação da falência	**Ação de restituição ou pedido de restituição (art. 99, II, da Lei n. 11.101/2005)**
Pedido do devedor em crise econômico-financeira que julgue não atender aos requisitos para pleitear sua recuperação judicial com a exposição das razões da impossibilidade de prosseguimento da atividade empresarial.	**Ação ou pedido de falência (art. 105)**
Pedido do devedor com vistas a viabilizar a superação da situação de crise econômico-financeira, a fim de manter a fonte produtora, o emprego dos trabalhadores e os interesses dos credores.	**Recuperação judicial (art. 48 da Lei n. 11.101/2005**
Pedido de revogação dos atos praticados com a intenção de prejudicar credores, provando-se o conluio fraudulento entre o devedor e o terceiro que com ele contratar e o efetivo prejuízo sofrido pela massa falida.	**Ação revocatória (art. 130 da Lei n. 11.101/2005**
O falido que paga mais de 25% dos créditos quirografários com ou sem depósito de quantia para atingir a porcentagem se para isso não tiver sido suficiente a integral liquidação do ativo	**Requerimento de extinção de obrigação (art. 158, II, da Lei n. 11.101/2005**
Não observado o prazo de 30 dias para apresentação do crédito, após a realizadas a intimações e publicada o edital de falência	**Habilitação de crédito retardatária (art. 10, *caput,* da n. Lei 11.101/200.**
As habilitações de crédito retardatárias, se apresentadas antes da homologação do quadro-geral de credores	**Impugnação à relação de credores (art. 10, § 5º, da Lei n. 11.101/200.**
Decisão interlocutória de juiz (nega liminar em mandado de segurança, rejeita liminar em exceção de pré-executividade; autoriza, no cumprimento de sentença, a liberação do pagamento e deduz alíquota de IR.	**Agravo de instrumento**
Sentença (com ou sem resolução do mérito)	**Apelação**
Sentença ou acórdão transitado em julgado	**Ação rescisória**

Recomenda-se muita atenção na identificação da peça, pois eventual erro pode eliminar o candidato.

9
FUNDAMENTO LEGAL

Fundamento legal é a menção às normas legais que fundamentam as pretensões das partes litigantes. Tem seu berço na Constituição da República Federativa do Brasil, nas leis em geral, nas medidas provisórias, nos decretos, nas súmulas etc.

Não é requisito expressamente previsto no art. 319 do CPC, mas é formalidade obrigatória e deve constar no preâmbulo das petições.

Toda peça é dotada de um fundamento legal de direito processual, o qual leva em conta o meio adequado para levar a pretensão da parte ao judiciário (inicial, contestação, recurso etc.). E pode dotar-se também de fundamento de direito material, a exemplo da ação de reparação civil (arts. 186 e 927 do Código Civil) ou do incidente de desconsideração da personalidade jurídica, o qual tem fundamento nos arts. 133/137 do CPC e no art. 50 do Código Civil.

Assim, na dúvida, é bom fundamentar nas normas processuais e materiais, porque, não raras as vezes, a FGV cobra, no padrão de respostas, ambas as formas de fundamento.

Para desvendar o fundamento legal, você deve ter conhecimento do conteúdo jurídico ou saber procurar no *vade mecum*. Não é tarefa difícil. Caso você não saiba, há o índice remissivo para ajudar. Uma vez identificada a peça, é fácil descobrir o respectivo fundamento legal.

Vejamos os seguintes exemplos:

- Norma legal que fundamenta a interposição de uma apelação ⇒ art. 1.009 do CPC.
- Norma legal que fundamenta o ajuizamento de uma ação de despejo ⇒ Lei n. 8.245/1991 (Lei de Locações).
- Norma legal que fundamenta o ajuizamento de uma ação trabalhista ⇒ art. 840 da CLT.
- Normas legais que fundamentam a reparação civil: arts. 186 e 927 do Código Civil.
- Norma legal que fundamenta as alegações finais por memorial: art. 403, § 3º do CPP.

Aspectos formais:

Do ponto de vista formal, atente-se para os seguintes aspectos:

- O fundamento legal se assenta melhor antes do *nomen iuris* da peça;
- Não há pontuação entre o texto do fundamento legal e o do *nomen iuris* da peça.
- Havendo mais de um fundamento legal, recomenda-se citar todos. A própria banca examinadora, no caderno de provas, esclarece que "a peça deve abranger todos os fundamentos de Direito que possam ser utilizados para dar respaldo à pretensão".
- Se forem vários fundamentos legais, use a abreviatura c/c (combinado com) para unir os dispositivos específicos.

Vejamos o exemplo no quadro representativo abaixo:

AO JUÍZO DE DIREITO DA VARA CÍVEL DO RIO DE JANEIRO

MARCELO..., estado civil..., engenheiro, CPF n..., endereço eletrônico... residente e domiciliado na (endereço completo), vem, por intermédio de seu advogado (procuração inclusa), com fundamento nos arts. 18, *caput*, e § 1º, do Código de Defesa do Consumidor, c/c o art. 300 do Código de Processo Civil, ajuizar

AÇÃO DE OBRIGAÇÃO DE FAZER

COM PEDIDO DE TUTELA DE URGÊNCIA

contra a empresa G. S/A, CNPJ n..., devidamente representada por..., com sede na cidade de São Paulo, no endereço... pelas razões de fato e de direito a seguir expostas.

Vejamos agora alguns exemplos de fundamentos legais de peças já exigidas em provas do Exame de Ordem. O sinal de parênteses (*) significa que a banca não indicou o fundamento legal na folha de respostas.

PETIÇÃO	FUNDAMENTO LEGAL	
DIREITO CIVIL		
Petição inicial	Art. 319 do CPC.	
Ações diversas	consignação em pagamento	Arts. 539 e ss. do CPC.
	despejo	Lei n. 8.245/1991.
	obrigação de fazer	Art. 815 do CPC.
	interdição	Arts. 1.767/1.783 do CC.
	alimentos gravídicos	Lei n. 11.804/2008.
	usucapião especial urbano	Art. 1.240-A.
	declaratória de inexistência de débito	(*)
	busca e apreensão de pessoa	(*)
	reintegração de posse	Art. 560 do CPC.
	alimentos	Lei n. 5.478/68.
	indenizatória	Art. 927, *caput*, ou 186 do CC.
	embargos à execução	Art. 914 do CPC.
	embargos de terceiro	Art. 674 do CPC.

PETIÇÃO	FUNDAMENTO LEGAL
Contestação	Art. 335 do CPC.
Agravo de instrumento	Art. 1.015 do CPC (um dos incisos).
Apelação cível	Art. 1.009 do CPC.
Ação rescisória	Art. 966 do CPC (um dos incisos).
Recurso Especial	Art. 105, III, CF (alíneas) e Art. 1.029 do CPC.
DIREITO DO TRABALHO	
Reclamação trabalhista	(*)
Contestação ou Contestação + reconvenção	Art. 847 da CLT.
Recurso ordinário trabalhista	Art. 895, I, da CLT.
DIREITO PENAL	
Queixa-crime	Art. 41 do CPP.
Resposta à acusação	Art. 396-A do CPP.
Alegações finais por memorial	Art. 403, § 3º, do CPP.
Agravo em execução penal	Art. 197 da LEP (Lei n. 7.210/1984).
Recurso em sentido estrito	Art. 581 do CPP (um dos incisos).
Apelação	Art. 593, I, do CPP.
Contrarrazões	Art. 600 do CPP.
Revisão Criminal	Art. 621 do CPP (um dos incisos).

DIREITO CONSTITUCIONAL		
Petição inicial	Art. 319 do CPC.	
	mandado de segurança (individual)	Art. 5º, LXIX, da CF e/ou art. 1º, *caput*, da Lei n. 12.016/2009.
	mandado de segurança (coletivo)	Art. 5º, LXX, alínea b, da CF e/ou Art. 21 da Lei n. 12.016/2009.
	ação civil pública	Art. 5º da Lei n. 7.347/1985 (incisos).
	ação popular	Art. 5º, LXXIII, da CF e/ou Art. 1º, *caput*, da Lei n. 4.717/1965.
	ação direta de inconstitucionalidade	Art. 102, I, alínea *a*, da CF c/c art. 1º da Lei n. 9.868/1999.
	ação direta de inconstitucionalidade por omissão	Art. 102, I, *a*, da CF e/ou Art. 2º e 12-A Lei n. 9.868/1999, acrescidos pela Lei 12.063/2009.
	arguição de descumprimento de preceito fundamental	Art. 102, § 1º, CF c/c art. 1º da Lei n. 9.882/1999.
	mandado de injunção coletivo	Art. 5º, LXXI, CF / Lei n. 13.300/2016.
Apelação	Art. 1.009 do CPC.	
Recurso Ordinário em mandado de segurança	Art. 105, II, alínea *b*, da CF.	
Recurso Extraordinário	Art. 102, III, CF (alíneas) e Art. 1.029 do CPC.	

PETIÇÃO	FUNDAMENTO LEGAL	
DIREITO ADMINISTRATIVO		
Petição inicial	Art. 319 do CPC.	
Ações diversas	ação de conhecimento	diversos.
	ação popular	Art. 5º, LXXIII, da CF e/ou Art. 1º, *caput*, da Lei n. 4.717/1965.
	ação anulatória de ato demissional	Art. 5º, LIV, ou Art. 5º, LV, da CF.
	ação de responsabilidade civil do Estado	Art. 5º, XLIX, CF e Art. 37, § 6º, CF.
	mandado de segurança	Art. 5º, LXIX, da CF e/ou art. 1º, *caput*, da Lei n. 12.016/2009.
Contestação	Art. 335 do CPC.	
Contestação em ação de improbidade	Art. 17, § 9º, da Lei n. 8.429/1992.	
Agravo de instrumento	Art. 1.015 do CPC (um dos incisos).	
Apelação	Art. 1.009 do CPC.	
Recurso Ordinário	Art. 105, II, alínea *b*, da CF.	
DIREITO TRIBUTÁRIO		
Petição inicial	Art. 319 do CPC	
Ações diversas	embargos à execução	Art. 16, III, da Lei 6.830/1980.
	consignação em pagamento	Art. 164, I, do CTN.
	repetição do indébito	Arts. 165/169 do CTN.
	mandado de segurança	Art. 5º, LXIX, da CF e Art. 1º da Lei n. 12.016/2009.
	mandado de segurança coletivo preventivo	Art. 21, parágrafo único da Lei n. 12.016/2009.
	ação declaratória de inexistência de débito	(*)
	ação anulatória de débito fiscal	(*)
Exceção de pré-executividade	(*)	
Agravo de instrumento	Art. 1.015 do CPC (um dos incisos).	
Apelação	Art. 1.009 do CPC.	
Recurso Ordinário em mandado de segurança	Art. 105, II, b, da CF c/c Art. 18 da Lei n. 12.016/2009 (ou art. 1.027, II, a, do CPC.	

9 • FUNDAMENTO LEGAL · 105

PETIÇÃO	FUNDAMENTO LEGAL	
DIREITO EMPRESARIAL		
Petição inicial	Art. 319 do CPC	
Ações diversas	ação de dissolução parcial	Art. 599 do CPC (um dos incisos) c/c art. 1031 do Código Civil.
	ação de cancelamento de protesto	Art. 318, *caput*, do CPC c/c art. 26, § 3º da Lei n. 9.492/1997.
	ação de obrigação de não fazer	(*)
	execução por quantia certa	(*)
	cobrança	Art. 318 do CPC.
	embargos à execução	Art. 914, § 1º, do CPC.
	ação revocatória	Art. 130 da Lei n. 11.101/2005.
	ação monitória	Art. 700, I, do CPC.
	ação renovatória	Art. 51, *caput*, e § 3º, c/c art. 71, ambos da Lei n. 8.245/91.
	ação ou pedido de falência (ou ação de execução por título extrajudicial)	Art. 94, *caput*, I, e § 3º da n. Lei 11.101/2005.
	ação de execução por quantia certa fundada em título executivo extrajudicial	Art. 107, I, da Lei 6.404/1976 c/c art. 798 do CPC.
	ação de prestação de contas	(*) CPC c/c arts. 1020 e 1033 do CC.
	ação de resolução de sociedade	Arts. 1077 e 1031 do CC.
	ação de restituição ou pedido de restituição	Art. 85, parágrafo único, da Lei n. 11.101/2005.
	execução de título judicial (sentença arbitral)	Art. 475 do CPC.
	ação de execução	Art. 15, II, da Lei n. 5.474/1968.
	Ação de impugnação de crédito, incidental no processo de recuperação judicial	Art. 8º, parágrafo único c/c art. 13, parágrafo único, da Lei n. 11.101/2005.
Petição simples	(*)	
Requerimento de recuperação judicial	Art. 48 da Lei n. 11.101/2005.	
Requerimento de extinção das obrigações do falido	Art. 158, II, da Lei n. 11.101/2005.	
Incidente de desconsideração da personalidade jurídica	Arts. 133/137 do CPC c/c art. 50 do CC.	
Impugnação à relação de credores (ou impugnação)	Art. 10, § 5º da Lei n. 11.101/2005.	
Habilitação de crédito retardatária	Art. 10, *caput*, da Lei n. 11.101/2005.	
Contestação	Art. 300 do CPC.	
Contestação ao requerimento de falência	Art. 98, *caput*, da Lei n. 11.101/2005.	
Agravo de instrumento	Art. 59, § 2º, da Lei n. 11.101/2005 c/c Art. 1.016, I e IV do CPC (um dos incisos).	
Apelação	Art. 1.009 do CPC.	
Recurso Especial	Art. 105, III, *a*, CF.	

Fundamento legal x fundamento jurídico:

O **fundamento legal** não se confunde com o **fundamento jurídico:** o primeiro limita-se à indicação do normativo legal aplicável ao caso concreto; o segundo, previsto no art. 319, III, do CPC e conhecido como "causa de pedir", consiste, ao mesmo tempo, na descrição dos fatos concretos que geraram o conflito de interesses (causa de pedir remota) e na indicação das normas legais aplicáveis para resolver o caso (causa de pedir próxima).

A simples alusão a normas legais não basta para fundamentar uma petição. É preciso mostrar que os fatos descritos se amoldam à norma jurídica mencionada.

Em uma ação de responsabilidade civil, por exemplo, não basta a indicação das normas legais aplicáveis – arts. 186 e 927 do Código Civil (causa de pedir próxima). É preciso indicar as causas que ensejaram o dano e a reparação pleiteada (causa de pedir remota).

Sobre os fundamentos jurídicos, veremos detalhadamente no item correspondente.

Atos normativos em geral:

Neste ponto, abriremos um parêntese para abordarmos uma questão de suma importância na redação jurídica, que diz respeito à **citação, pontuação e transcrição e dos dispositivos legais.**

Todo profissional do direito precisa saber citar, pontuar e transcrever corretamente os atos normativos em geral. Afinal de contas, a redação dos textos jurídicos possui a natureza argumentativa e os argumentos, na maior parte das vezes, advêm das normas legais. Assim, a citação dos atos normativos é ato habitual e corriqueiro, tanto em provas de concurso para a área jurídica quanto em teses de mestrado ou doutorado no campo do Direito, em petições prático-profissionais ou ainda em sentenças e em acórdãos. E quem não sabe operar a sua mais básica ferramenta de trabalho, não transmite nem merece confiança. O ato, de tão frequente, não admite erros primários.

Vejamos a seguir as regras mais importantes sobre o tema.

CITAÇÃO DAS LEIS:

- **A citação das leis** se dá, na primeira referência, por extenso, contendo o número, dia, mês e ano da publicação:

Lei n. 8.112, de 11 de dezembro de 1990.

- Nas demais referências, pode-se empregar a forma reduzida, constando apenas o número e o ano, este com quatro dígitos:

> *Lei n. 8.112/1990.*

- Usa-se a palavra "lei" com inicial maiúscula e por extenso quando há referência expressa a um diploma legal:

> *Lei n. 8.112/1990.*

- Em sentido generalizado, usa-se a inicial minúscula:

> *A lei é a fonte imediata da justiça em um país.*

- Quando a referência é colocada entre parênteses, o título pode ser abreviado:

> *(LC n. 95/1998)*
> *(DL n. 2.354/1992)*

- Quanto a lei for conhecida pelo nome, deve ser indicado também o número:

> *Lei Maria da Penha (Lei n. 11.340, de 7 de agosto de 2006).*
> *Lei de Responsabilidade Fiscal (Lei Complementar n. 101, de 4 de maio de 2000).*

ORDEM DE CITAÇÃO E PONTUAÇÃO DOS DISPOSITIVOS LEGAIS

Os dispositivos legais podem ser citados e pontuados das seguintes formas:

1. Somente o artigo:

> *...art. 25 da Lei n. 12.016/2009.*
> a preposição "da" impede o uso da vírgula.

2. Somente a cabeça do artigo *(caput)*, quando este possui desdobramentos:(parágrafos, incisos ou alíneas):

> *...art. 25, caput, da Lei n. 12.016/2009.*
> *(caput entre vírgulas e em itálico).*

> ...*art. 25, caput, e seu § 1º, da Lei n. 8.112/1990.*
>
> Não se usa o termo *caput* quando o artigo não tem desdobramentos.

3. O artigo e seus desdobramentos (parágrafos, incisos ou alíneas):

3.1. em ordem decrescente: a partir do geral (artigo) para a referência particular (parágrafo, inciso ou alínea) $\Rightarrow$ O uso da vírgula é obrigatório entre os elementos, até mesmo antes da preposição "de", porque as unidades parágrafo, inciso e alínea estão intercaladas entre o artigo e o número da lei.

> ...*art. 25, § 3º, II, a, da Lei n. 12.016/2009.*

3.2. ordem crescente: a partir da referência particular (parágrafo, inciso ou alínea) para o geral (artigo) $\Rightarrow$ O uso da vírgula é proibido porque as unidades estão interligadas pela preposição "de".

> *alínea a do inciso II do § 3º do art. 25 da Lei n. 12.016/2009.*

4. Para citar mais de um artigo de uma mesma lei: deve-se usar a abreviatura art. no plural (arts.) de forma a abranger todos eles e indicar entre vírgulas os parágrafos, incisos, alíneas a serem mencionados. Basta empregar a abreviatura "art." apenas uma vez.

> ...*arts, 7º, 10 e 11 da Lei n. 12.016/2009.*
>
> ...*arts. 117, IX, e 132, XI, da Lei n. 8.112/1990.*

5. Para citar artigos de diferentes diplomas legais: deve-se citar o(s) dispositivo(s) de cada diploma legal individualmente e separá-los por ponto e vírgula:

> ...*art. 5º, XXII, da Constituição Federal; art. 7º, III, da Lei n. 12.016/2009; e art. 3º, II, do Decreto n. 7.226/2010.*

6. No caso de artigos combinados (ou cumulados): Abrevia-se a expressão "combinado com" (c/c), a qual vem precedida de vírgula. Cada artigo vem acompanhado da respectiva abreviatura (art.), empregada no singular:

> ...*art. 7º, c/c o art. 10 da Lei n. 12.016/2009.*

7. Havendo combinação com mais de um artigo: a abreviatura na segunda incidência leva o plural:

> ... *art. 7º, c/c os arts. 25 e 26 da Lei n. 12.016/2009.*

8. Se houver menção à data da lei, esta deve vir também separada por vírgula:

> *A autorização foi concedida com base na alínea b do inciso II do art. 10 da Lei n. 8.666, de 21 de junho de 1993.*

ARTICULAÇÃO DOS DISPOSITIVOS LEGAIS:

As normas jurídicas são articuladas de acordo com a seguinte estrutura (Lei Complementar n. 95, de 26/02/1998): artigo → parágrafo → inciso → alínea → item.

1. ARTIGO:

- é a unidade básica para apresentação, divisão ou agrupamento de assuntos num texto legal.
- É empregado na forma abreviada (art.), com inicial maiúscula no início da frase e minúscula no transcorrer do texto.
- Pode desdobrar-se em parágrafos ou em incisos; os parágrafos em incisos; os incisos em alíneas e as alíneas em itens.
- É seguido de numeração ordinal até o art. 9º, dispensando-se, nesse caso, o ponto entre o numeral e o texto:

> art. 1º
> art. 5º
> art. 9º

- A partir do art. 10, emprega-se o cardinal seguido de ponto:

> art. 10.
> art. 25.
> art. 49.

- É escrito por extenso (artigo), quando empregado em sentido genérico ou desacompanhado do numeral:

> *Fez-se referência ao artigo da lei revogada.*

- Admite-se o uso no plural (arts. 25 e 39 do CPC) ou a cumulação de artigos:

> *...art. 25 c/c o art. 39, XI, do CPC.*

- A disposição principal do artigo, quando subdividido em incisos e/ou parágrafos, deve ser denominado *caput* (do latim cabeça).
- O texto de um artigo inicia-se por letra maiúscula e encerra-se por ponto-final. Quando se desdobra em parágrafos e/ou incisos, a disposição principal, denominada *caput* (do latim, cabeça), encerra-se por dois-pontos e as subdivisões encerram-se por ponto-e-vírgula, exceto a última, que terminará por ponto-final:

> *Art. 94. Ao servidor investido em mandato eletivo aplicam-se as seguintes disposições:*
>
> *I – tratando-se de mandato federal, estadual ou distrital, ficará afastado do cargo;*
>
> *II – investido no mandato de Prefeito, será afastado do cargo, sendo-lhe facultado optar pela sua remuneração;*
>
> *III – investido no mandato de vereador:*
>
> *a) havendo compatibilidade de horário, perceberá as vantagens de seu cargo, sem prejuízo da remuneração do cargo eletivo;*
>
> *b) não havendo compatibilidade de horário, será afastado do cargo, sendo-lhe facultado optar pela sua remuneração.*
>
> *§ 1º No caso de afastamento do cargo, o servidor contribuirá para a seguridade social como se em exercício estivesse.*
>
> *§ 2º O servidor investido em mandato eletivo ou classista não poderá ser removido ou redistribuído de ofício para localidade diversa daquela onde exerce o mandato.*

CAPUT:

- *CAPUT* é um termo em latim que significa "parte superior" "cabeça".
- Nos textos legislativos, é empregado para se referir à unidade básica de articulação da lei (artigo), quando este contiver incisos e/ou parágrafos.
- Inexistindo os desdobramentos (parágrafos e/ou incisos), não há por que ser denominado *caput*. Nesse caso, denomina-se apenas "artigo".

  Vejamos os exemplos a seguir:

- **Sem desdobramentos** ⇒ denomina-se artigo:

> **Art. 34.** *Se o ofendido for menor de 21 e maior de 18 anos, o direito de queixa poderá ser exercido por ele ou por seu representante legal.*
>
> ⇒...conforme o disposto **no art. 34** do CPP.

- **Com desdobramentos** ⇒ denomina-se *caput*:

> Art. 72. *Não sendo conhecido o lugar da infração, a competência regular-se-á pelo domicílio ou residência do réu.*
>
> § 1º *Se o réu tiver mais de uma residência, a competência firmar-se-á pela prevenção.*
>
> § 2º *Se o réu não tiver residência certa ou for ignorado o seu paradeiro, será competente o juiz que primeiro tomar conhecimento do fato.*
>
> ⇒ ...segundo estabelece o art. 72, *caput,* do CPP
>
> ou
>
> ⇒ ... segundo estabelece o *caput* do art. 72 do CPP.

2. PARÁGRAFO:

- Os parágrafos são dispositivos legais que expressam os aspectos complementares à norma enunciada no artigo e as exceções à regra por esse estabelecida.

- São representados pelo sinal gráfico §, seguidos de numeração ordinal até o nono, dispensando-se o ponto entre o numeral e o texto:

> § 3º
> § 5º
> § 9º

- A partir do § 10, emprega-se a numeração cardinal, seguida de ponto:

> § 12.
> § 20.
> § 25.

- O símbolo § originou-se da sobreposição de duas letras S e representa a expressão latina *signum sectionis,* cujo significado é "signo de secionamento". O emprego da expressão indica que determinada seção apresenta mais de uma subseção, ou seja, que houve um secionamento.

- O símbolo § somente é usado quando o artigo subdivide-se em mais de um parágrafo:

> § 5º
> § 10

- Para indicar mais de um parágrafo, emprega-se o sinal gráfico duplo §§, quando seguido de número:

> §§ 1º e 5º...
> §§ 3º, 5º e 9º....

- Quando existente apenas um parágrafo, use por extenso a expressão "parágrafo único".

> ... conforme disposto no parágrafo único do art. 9º do CPC.

- A forma abreviada **(p. único)** é usada somente nas referências, entre parênteses:

> (art. 32, **p. único,** do Código Civil).

Como aplicar:

JAMAIS USE	USE
parágrafo 1º	§ 1º
§ 5º e 9º	§§ 5º e 9º
§ único	Parágrafo único

- Deve ser escrito por extenso quando o sentido for vago, indeterminado, e estiver desacompanhado do número:

> *Estamos nos referindo ao contido no parágrafo anterior.*

- O texto de um parágrafo inicia-se por maiúscula e encerra-se por ponto-final. Quando se subdivide em incisos, empregam-se dois-pontos antes das subdivisões, que se separam por ponto-e-vírgula, exceto a última, terminada por ponto-final. Veja o exemplo:

> *Art. 104. O advogado não será admitido a postular em juízo sem procuração, salvo para evitar preclusão, decadência ou prescrição, ou para praticar ato considerado urgente.*
>
> *§ 1º Nas hipóteses previstas no caput, o advogado deverá, independentemente de caução, exibir a procuração no prazo de 15 (quinze) dias, prorrogável por igual período por despacho do juiz.*
>
> *§ 2º O ato não ratificado será considerado ineficaz relativamente àquele em cujo nome foi praticado, respondendo o advogado pelas despesas e por perdas e danos.*

3. INCISO:

- Do latim *incisu* (cortado), os incisos são elementos normativos usados como desdobramentos dos artigos ou dos parágrafos e servem para discriminar ou enumerar o que está expresso na lei.

- São numerados por algarismos romanos seguidos de travessão (I – II – III – V – X –) e podem desdobrar-se em alíneas: a) b) c).

- Os textos dos incisos, por virem antecedidos por dois-pontos, iniciam-se com letra minúscula e terminam com ponto e vírgula, exceto o último que se encerra com ponto-final.

> *Art. 21. Compete à autoridade judiciária brasileira processar e julgar as ações em que:*
> *I – o réu, qualquer que seja a sua nacionalidade, estiver domiciliado no Brasil;*
> *II – no Brasil tiver de ser cumprida a obrigação;*
> *III – o fundamento seja fato ocorrido ou ato praticado no Brasil.*

- Na citação em ordem decrescente, a palavra 'inciso' é optativa, mas não recomendada. O próprio algarismo romano já indica tratar-se de um inciso:

> *...art. 24, § 4º, I, a, da Lei n. 10.016/2009.*

- Na citação em ordem crescente é obrigatório o uso por extenso ou abreviado (inc.):

> *...alínea a do inciso I do § 4º do art. 24 da Lei n. 10.016/2009.*

4. ALÍNEA:

- As alíneas são desdobramentos dos incisos e vêm indicadas por letras minúsculas seguidas de parênteses: a) b) f).

> *Art. 487. Haverá resolução de mérito quando o juiz:*
>
> *I – acolher ou rejeitar o pedido formulado na ação ou na reconvenção;*
>
> *II – decidir, de ofício ou a requerimento, sobre a ocorrência de decadência ou prescrição;*
>
> *III – homologar:*
>
> *a) o reconhecimento da procedência do pedido formulado na ação ou na reconvenção;*
>
> *b) a transação;*
>
> *c) a renúncia à pretensão formulada na ação ou na reconvenção.*

- Na citação em ordem decrescente, a palavra 'alínea' é optativa, mas não recomendada

> *... art. 24, § 4º, I, a, da Lei n. 10.016/2009.*

- Na citação em ordem crescente, é obrigatório o uso por extenso:

> *...alínea a do inciso I do § 4º do art. 24 da Lei n. 10.016/2009.*

- As alíneas, na citação em ordem decrescente, podem vir expressas entre aspas ou em itálico. É importante o destaque para diferenciar a alínea *e* da conjunção aditiva *e*.

> *...art. 24, § 4º, a, da Lei n. 10.016/2009.*

5. ITEM:

- Os itens são desdobramentos das alíneas e vêm indicados por algarismos arábicos, seguidos de ponto (ou parênteses) (1. 2. 6.)

> *Art. 222. Acarreta perda da qualidade de beneficiário:*
>
> *VII – em relação aos beneficiários de que tratam os incisos I a III do* **caput** *do art. 217:*
>
> *b) o decurso dos seguintes períodos, estabelecidos de acordo com a idade do pensionista na data de óbito do servidor....:*
>
> *1) 3 (três) anos, com menos de 21 (vinte e um) anos de idade;*
>
> *2) 6 (seis) anos, entre 21 (vinte e um) e 26 (vinte e seis) anos de idade;*
>
> *3) 10 (dez) anos, entre 27 (vinte e sete) e 29 (vinte e nove) anos de idade;*

- Na citação em **ordem decrescente,** a palavra 'item' é optativa, mas não recomendada. O próprio numeral já indica tratar-se de um item:

> ... *art. 222, VII, b, 1, da Lei n. 8.112/1990.*

- Na citação em **ordem crescente**, é obrigatório o uso por extenso:

> ... *item 1 da alínea b do inciso VII do art. 222 da Lei n. 8.112/1990.*

TRANSCRIÇÃO DOS DISPOSITIVOS LEGAIS:

Transcrição de dispositivos legais é o ato de reproduzir por escrito os preceitos normativos constantes das normas legais.

Há duas formas de transcrever os dispositivos legais: a citação direta e a indireta.

Transcrição direta:

O enunciado normativo é transcrito de forma literal, tal como está escrito na lei. É também denominada transcrição "ipsis litteris".

O dispositivo é citado entre aspas duplas, após dois-pontos ou vírgula.

Transcrição indireta:

A redação original do enunciado normativo é alterada, por isso dispensa-se o uso de aspas duplas.

Na transcrição indireta, você pode inverter a ordem de palavras ou frases, alterar vozes do verbo, cortar trechos desnecessários para o caso concreto. Todavia, deve ter cuidado com o uso de sinonímias, a fim de impedir interferências indevidas no sentido original da lei. Cuidado também com os deslocamentos de frases, evitando que o termo antecedente se distancie muito do consequente.

Veja os exemplos:

Transcrição direta	Transcrição indireta
Sobre a gratuidade da justiça, assim dispõe a lei processual civil: "Art. 98. A pessoa natural ou jurídica, brasileira ou estrangeira, com insuficiência de recursos para pagar as custas, as despesas processuais e os honorários advocatícios tem direito à gratuidade da justiça, na forma da lei."	Nos termos do art. 98 do CPC, tem direito à gratuidade da justiça a pessoa natural ou jurídica, brasileira ou estrangeira, com insuficiência de recursos para pagar as custas, as despesas processuais e os honorários advocatícios.

Transcrição direta	Transcrição indireta
Segundo a dicção do art. 1º da Lei n. 9.873/1999, "prescreve em cinco anos a ação punitiva da Administração Pública Federal, direta e indireta, no exercício do poder de polícia, objetivando apurar infração à legislação em vigor, contados da data da prática do ato ou, no caso de infração permanente ou continuada, do dia em que tiver cessado".	Consoante disposição do art. 1º da Lei n. 9.873/1999, a ação punitiva da Administração Pública Federal, direta e indireta, no exercício do poder de polícia, que visa apurar infração à legislação em vigor, prescreve em cinco anos contados da data da prática do ato ou, no caso de infração permanente ou continuada, do dia em que tiver cessado.

Transcrição direta	Transcrição indireta
Segundo dispõe o art. 404 do Código Civil, "as perdas e danos, nas obrigações de pagamento em dinheiro, serão pagas com atualização monetária segundo índices oficiais".	Segundo dispõe o art. 404 do Código Civil, nas obrigações de pagamento em dinheiro, as perdas e danos serão pagas com atualização monetária apurada pelos índices oficiais.

Transcrição direta	Transcrição indireta
Conforme enuncia o art. 11 do Código Penal, "desprezam-se, nas penas privativas de liberdade e nas restritivas de direitos, as frações de dia, e, na pena de multa, as frações de cruzeiro".	Conforme enuncia o art. 11 do Código Penal, nas penas privativas de liberdade e nas restritivas de direitos são desprezadas as frações de dia; na pena de multa, as frações de cruzeiro.

Transcrição direta	Transcrição indireta
Nos termos do art. 4º, parágrafo único, da CLT, "computar-se-ão, na contagem de tempo de serviço, para efeito de indenização e estabilidade, os períodos em que o empregado estiver afastado do trabalho prestando serviço militar ... (VETADO) ... e por motivo de acidente do trabalho".	Conforme a dicção do art. 4º, I, do Código Civil, são incapazes relativamente a certos atos ou à maneira de os exercer, entre outros, os maiores de dezesseis e menores de dezoito anos.

Transcrição direta	Transcrição indireta
Assim reza o art. 4º do Código Civil: "São incapazes, relativamente a certos atos ou à maneira de os exercer: I – os maiores de dezesseis e menores de dezoito anos; II – os ébrios habituais e os viciados em tóxico; III – aqueles que, por causa transitória ou permanente, não puderem exprimir sua vontade; IV – os pródigos."	Conforme a dicção do art. 4º, I, do Código Civil, são incapazes relativamente a certos atos ou à maneira de os exercer, entre outros, os maiores de dezesseis e menores de dezoito anos.

Padronização:

Sobre a transcrição dos atos normativos, a padronização a ser observada é a seguinte:

A **transcrição direta, com até três linhas,** deve ser feita no próprio parágrafo destacada com aspas duplas ou itálico. Visualmente falando, o itálico é menos poluente do que as aspas, mas, em provas manuscritas, por não haver o itálico, o destaque deverá ser feito com as aspas.

> Tal entendimento encontra amparo no enunciado da Súmula 512 do STF segundo a qual "não cabe condenação em honorários na ação do mandado de segurança".

A **transcrição direta com mais de três linhas** deve ser feita de forma destacada, com recuo da margem esquerda, com aspas, separada do corpo do texto que lhe antecede e lhe sucede com dois espaçamentos. Em provas manuscritas, não se usa esse tipo de destaque.

> Veja como expressa o doutrinador a respeito do assunto em tela:
>
> No Direito, no Processo, no Processo Civil, há juristas importantes. Juristas que explicam o sistema, por entendê-lo à perfeição. Há juristas que mais do que explicar, ensinam! Há outros, que além de explicar e ensinar, entregam suas reflexões à posteridade, de modo a contribuir para a construção e aperfeiçoamento do sistema. E há outros que fazem tudo isso e muito mais, pois inspiram, criam escolas de pensamento, geram discípulos, espalham suas ideias por décadas e mais décadas. O pensamento desses últimos é perene, definitivo (trecho do artigo de Luiz Rodrigues Wambier).

10
FATOS

Os fatos constituem um dos itens obrigatórios da petição inicial (art. 319, III, do CPC) bem como das demais petições (contestação, recurso, contrarrazões).

Trata-se de um texto narrativo, por meio do qual o autor aponta qual é a conduta do réu que gerou o conflito e o levou a ajuizar a demanda.

Nesse tipo de texto, o autor deve demonstrar com clareza a existência de um conflito (O QUÊ), as pessoas envolvidas no conflito (QUEM) e todas as circunstâncias de tempo (QUANDO), lugar (ONDE), modo (COMO) causa (PORQUE) e consequência (POR ISSO).

Em geral, na maioria das petições, os fatos são narrados na terceira pessoa do pretérito perfeito do indicativo e a narrativa é feita de acordo com a ordem cronológica em que se sucederam, a iniciar pelo fato mais antigo até atingir o fato mais recente.

Vejamos a seguir tópicos de fatos em ordem cronológica e dispostos em terceira pessoa do pretérito perfeito do indicativo:

Comprou um aparelho de ar condicionado. / O aparelho apresentou defeito. / Fez-se contato com a loja. / A loja não resolveu o problema. / Fez-se contato com o fabricante. / O fabricante não resolveu o problema / Ajuizou a ação.

E na forma desenvolvida:

> **1. DOS FATOS:**
> Marcelo adquiriu um aparelho de ar condicionado, o qual, tão logo foi instalado, apresentou defeito que não refrigerava o ambiente.

Em algumas peças, todavia, pode-se iniciar a narrativa indicando o momento presente, como é o caso da contestação. Nesses casos, a narrativa é bem mais sucinta e pode ser intitulada "síntese dos fatos" ou "breve síntese dos fatos":

> **1. SÍNTESE DOS FATOS:**
> Trata-se de contestação oferecida por Fulano ao pedido inicial de Sicrano formulado em ação trabalhista em que postula as seguintes verbas:...

A mesma observação acima serve para os recursos:

> **1. SÍNTESE DOS FATOS:**
> Trata-se de apelação interposta por Mário contra a sentença que julgou procedente o pedido formulado por Henrique em ação de cobrança...

A avaliação dos fatos pela FGV:

Já faz algum tempo, a FGV vem dispensando a narrativa dos fatos a fim de evitar a perda de tempo pelo examinando com mera cópia dos dados já presentes no enunciado.

Todavia, no 34º Exame de Ordem, a banca exigiu, na prova de Direito Civil, segundo constou no respectivo padrão de respostas, a indicação dos fatos atribuindo ao quesito com 0,20 ponto.

Por isso, para evitar surpresas com possíveis descontos na pontuação, o examinando deve estar preparado para fazer uma exposição sucinta do enunciado.

A paráfrase:

A melhor maneira de reduzir um texto é por meio de um recurso linguístico denominado paráfrase.

A paráfrase consiste em reescrever o texto com pequenas alterações, de forma sucinta, a ponto de demonstrar que o conflito foi compreendido.

Uma forma bastante prática é ler o enunciado e tentar "traduzi-lo" sucintamente com as próprias palavras.

Ao fazer a "tradução", deve-se fazer alterações com o uso de algumas técnicas simples, como inverter palavras ou frases, alternar vozes dos verbos, transformar verbos em substantivos etc. Não é necessário fazer a transformação total do texto, pois é permitido reproduzir palavras e até mesmo pequenos trechos.

Parafrasear não é resumir, por isso é possível alongar ou encurtar o texto original e também repetir palavras.

Ao parafrasear, tome o cuidado para não alterar o contexto da frase, não inserir dados inverídicos nem omitir pormenores importantes. Os detalhes irrelevantes, no entanto, podem ser excluídos.

Veja abaixo paráfrases de trechos de enunciados de provas aplicadas pela FGV por área de opção:

DIREITO CIVIL	
Enunciado da FGV	**Paráfrase**
Mário e Henrique celebraram contrato de compra e venda, tendo por objeto uma máquina de cortar grama, ficando ajustado o preço de R$ 1.000,00 e definido o foro da comarca da capital do Rio de Janeiro para dirimir quaisquer conflitos. Ficou acordado, ainda, que o cheque n. 007, da Agência n. 507, do Banco X, emitido por Mário para o pagamento da dívida, seria pós-datado para ser depositado em 30 dias.	O autor e o réu firmaram contrato de compra e venda de uma máquina de cortar grama no valor de R$ 1.000,00. O pagamento foi feito por meio do cheque pós-datado a ser depositado em 30 dias, ficando definido o foro da comarca da capital do Rio de Janeiro para dirimir conflitos resultantes do contrato.
Ocorre, porém, que, nesse ínterim, Mário ficou desempregado. Decorrido o prazo convencionado, Henrique efetuou a apresentação do cheque, que foi devolvido por insuficiência de fundos. Mesmo após reapresentá-lo, o cheque não foi compensado pelo mesmo motivo, acarretando a inclusão do nome de Mário nos cadastros de inadimplentes.	O autor não efetuou o pagamento por estar desempregado, mas o cheque foi depositado, tendo sido devolvido por insuficiência de fundos. Em razão disso, o autor teve seu nome inscrito nos órgãos de proteção ao crédito.
Passados dez meses, Mário conseguiu um novo emprego e, diante da inércia de Henrique, que permanece de posse do cheque, em cobrar a dívida, procurou-o a fim de quitar o débito. Entretanto, Henrique havia se mudado e Mário não conseguiu informações sobre seu paradeiro, o que inviabilizou o contato pela via postal.	O autor conseguiu um novo emprego e, pretendendo saldar o débito, procurou o réu, mas não conseguiu informações sobre seu paradeiro.
Mário, querendo saldar a dívida e restabelecer seu crédito perante as instituições financeiras procura um advogado para que sejam adotadas as providências cabíveis.	Inviabilizado o contato com o credor, e estando este ainda na posse do cheque, não restou ao autor outra alternativa senão a propositura da presente ação de consignação em pagamento com pedido de tutela de urgência, a fim de excluir o seu nome dos cadastros de inadimplentes.
Com base no caso apresentado, elabore a peça processual adequada.	

DIREITO PENAL	
Enunciado da FGV	**Paráfrase**
Em 03 de outubro de 2016, na cidade de Campos, no Estado do Rio de Janeiro, Lauro, 33 anos, que é obcecado por Maria, estagiária de uma outra empresa que está situada no mesmo prédio em que fica o seu local de trabalho, não mais aceitando a rejeição dela, decidiu que a obrigaria a manter relações sexuais com ele, independentemente da sua concordância. Confiante em sua decisão, resolveu adquirir arma de fogo de uso permitido, considerando que tinha autorização para tanto, e a registrou, tornando-a regular. Precisando que alguém o substituísse no local do trabalho no dia do crime, narrou sua intenção criminosa para José, melhor amigo com quem trabalha, assegurando-lhe que comprou a arma exclusivamente para ameaçar Maria a manter com ele conjunção carnal, mas que não a lesionaria de forma alguma. Ainda esclareceu a José, que alugara um quarto em um hotel e comprara uma mordaça para evitar que Maria gritasse e os fatos fossem descobertos. Quando Lauro saía de casa, em seu carro, para encontrar Maria, foi surpreendido por viatura da Polícia Militar, que havia sido alertada por José sobre o crime prestes a acontecer, sendo efetuada a prisão de Lauro em flagrante.	Lauro foi denunciado pela prática do crime de tentativa de estupro qualificado, previsto no art. 213, §1º c/c art. 14, inciso II, c/c art. 61, inciso II, alínea f, todos do Código Penal porque, segundo a denúncia, teria constrangido Maria a manter com ele relações sexuais.
	Para a execução do crime, teria adquirido e registrado uma arma, alugado um quarto de hotel e comprado uma mordaça.
	Ainda segundo a denúncia, quando o réu saía de casa para praticar o crime foi surpreendido por viatura da Polícia Militar, que havia sido alertada por José, amigo confidente do denunciado, sobre o crime prestes a acontecer, sendo efetuada a prisão de Lauro em flagrante.
	Na delegacia policial, Maria confirmou os fatos, reafirmando-os posteriormente em juízo e disse ter 17 anos de idade, embora sem comprovação por documentos.
	A testemunha José foi ouvida, confirmou os fatos narrados na denúncia e também suas declarações feitas delegacia policial.

DIREITO PENAL

Enunciado da FGV	Paráfrase
Em sede policial, Maria foi ouvida, afirmando, apesar de não apresentar documentos, que tinha 17 anos e que Lauro sempre manteve comportamento estranho com ela, razão pela qual tinha interesse em ver o autor dos fatos responsabilizado criminalmente. Após receber os autos e considerando que o detido possuía autorização para portar arma de fogo, o Ministério Público denunciou Lauro apenas pela prática do crime de estupro qualificado, previsto no Art. 213, §1º c/c Art. 14, inciso II, c/c Art. 61, inciso II, alínea f, todos do Código Penal. O processo teve regular prosseguimento, mas, em razão da demora para realização da instrução, Lauro foi colocado em liberdade.	O réu não compareceu à audiência por não ter sido intimado, mas mesmo assim o ato foi realizado, porque o interrogatório seria feito em outra data.
	Na segunda audiência, o réu foi interrogado e confirmou integralmente os fatos narrados na denúncia, mas negou ter conhecimento das declarações tomadas na primeira audiência.
Na audiência de instrução e julgamento, a vítima Maria foi ouvida, confirmou suas declarações em sede policial, disse que tinha 17 anos, apesar de ter esquecido seu documento de identificação para confirmar, apenas apresentando cópia de sua matrícula escolar, sem indicar data de nascimento, para demonstrar que, de fato, era Maria. José foi ouvido e também confirmou os fatos narrados na denúncia, assim como os policiais. O réu não estava presente na audiência por não ter sido intimado e, apesar de seu advogado ter-se mostrado inconformado com tal fato, o ato foi realizado, porque o interrogatório seria feito em outra data. Na segunda audiência, Lauro foi ouvido, confirmando integralmente os fatos narrados na denúncia, mas demonstrou não ter conhecimento sobre as declarações das testemunhas e da vítima na primeira audiência. Na mesma ocasião, foi, ainda, juntado o laudo de exame do material apreendido, o laudo da arma de fogo demonstrando o potencial lesivo e a Folha de Antecedentes Criminais, sem outras anotações. Encaminhados os autos para o Ministério Público, foi apresentada manifestação requerendo condenação nos termos da denúncia. Em seguida, a defesa técnica de Lauro foi intimada, em 04 de setembro de 2018, terça-feira, sendo quarta-feira dia útil em todo o país, para apresentação da medida cabível.	Após a juntada de documentos, o Ministério Público apresentou memorial com pedido de condenação nos termos da denúncia.
	Esta defesa técnica foi intimada, em 04 de setembro de 2018, terça-feira, sendo quarta-feira dia útil em todo o país, para apresentação de memorial, que segue com as razões da defesa.
Considerando apenas as informações narradas, na condição de advogado(a) de Lauro, redija a peça jurídica cabível, diferente de *habeas corpus*, apresentando todas as teses jurídicas pertinentes. A peça deverá ser datada do último dia do prazo para interposição.	

DIREITO DO TRABALHO

Enunciado da FGV	Paráfrase
Nos autos da reclamação trabalhista 1234, movida por Gilson Reis em face da sociedade empresária Transporte Rápido Ltda., em trâmite perante a 15ª Vara do Trabalho do Recife/PE, a dinâmica dos fatos e os pedidos foram articulados da seguinte maneira:	O reclamante ajuizou a Reclamação Trabalhista 1234 contra a ora reclamada, alegando, em resumo que, em 13/5/2009, foi admitido para exercer a função de auxiliar de serviços gerais e em 20/11/2014 comunicou ao empregador a sua candidatura ao cargo de dirigente sindical.

DIREITO DO TRABALHO

Enunciado da FGV	Paráfrase
O trabalhador foi admitido em 13/05/2009, recebeu aviso prévio em 09/11/2014, para ser trabalhado, e ajuizou a demanda em 20/04/2015. Exercia a função de auxiliar de serviços gerais. Requereu sua reintegração porque, em 20/11/2014, apresentou candidatura ao cargo de dirigente sindical da sua categoria, informando o fato ao empregador por e-mail, o que lhe garante o emprego na forma do Art. 543, § 3º, da CLT, não respeitada pelo ex-empregador. Que trabalhava de segunda a sexta-feira das 5:00h às 15:00h, com intervalo de duas horas para refeição, jamais recebendo horas extras nem adicional noturno, o que postula na demanda. Que o intervalo interjornada não era observado, daí por que deseja que isso seja remunerado como hora extra. Contratado como advogado (a), você deve apresentar a medida processual adequada à defesa dos interesses da sociedade empresária Transporte Rápido Ltda., sem criar dados ou fatos não informados.	Ressalta que tal formalidade lhe garantiria o emprego conforme o disposto no art. 543, § 3º, da CLT, mas que o seu direito não foi respeitado pela reclamada, tendo recebido o aviso prévio em 09/11/2014 para ser trabalhado. Informou que a sua jornada de trabalho não era respeitada e que, por isso, ajuizou a presente ação em 20/04/2015, requerendo a reintegração no emprego, o recebimento de horas extras e de adicional noturno. Por entender indevido o direito pleiteado, a reclamada vem apresentar contestação, expondo as razões de direito que entende aplicáveis ao caso em exame.

DIREITO CONSTITUCIONAL

Enunciado da FGV	Paráfrase
O crescimento da exploração de diamantes no território do Estado Alfa ampliou a circulação de riquezas e fez com que a densidade demográfica aumentasse consideravelmente, juntamente com os riscos ao meio ambiente. Esse estado de coisas mobilizou a população local, o que levou um grupo de Deputados Estaduais a apresentar proposta de emenda à Constituição Estadual disciplinando, detalhadamente, a forma de exploração de diamantes no território em questão. A proposta incluía os requisitos formais a serem cumpridos junto às autoridades estaduais e os limites quantitativos a serem observados na extração, no armazenamento e no transporte de cargas. Após regular aprovação na Assembleia Legislativa, a Emenda à Constituição Estadual n. 5/2018 foi sancionada pelo Governador do Estado, sendo isso imediatamente comunicado às autoridades estaduais competentes para que exigissem o seu cumprimento.	A Associação Nacional dos Geólogos, vem, por meio desta ADI, arguir a inconstitucionalidade da Emenda à Constituição Estadual 5/2018, aprovada pela Assembleia Legislativa do Estado Alfa e sancionada pelo Governador do Estado. A referida Emenda à Constituição, de iniciativa de um grupo de Deputados Estaduais, teve por base a mobilização da população local que percebeu que o crescimento da exploração de diamantes no território do Estado Alfa ampliou a circulação de riquezas e fez com que a densidade demográfica aumentasse consideravelmente, juntamente com os riscos ao meio ambiente. O ato normativo ora combatido disciplina a forma de exploração de diamantes no Estado Alfa e estabelece requisitos a serem cumpridos junto às autoridades estaduais e os limites quantitativos a serem observados na extração, no armazenamento e no transporte de cargas.

DIREITO CONSTITUCIONAL

Enunciado da FGV	Paráfrase
Preocupada com a situação no Estado Alfa e temendo o risco de desemprego dos seus associados, isso em razão dos severos requisitos estabelecidos para a exploração de diamantes, a Associação Nacional dos Geólogos, que há décadas luta pelos direitos da categoria, contratou os seus serviços como advogado(a) para que elabore a petição inicial da medida judicial cabível, de modo que o Tribunal Superior competente reconheça a incompatibilidade do referido ato normativo com a Constituição da República Federativa do Brasil. (Valor: 5,00) Obs.: a peça deve abranger todos os fundamentos de Direito que possam ser utilizados para dar respaldo à pretensão. A simples menção ou transcrição do dispositivo legal não confere pontuação.	Preocupada com a situação no Estado Alfa e com os riscos de desemprego dos seus associados, e ainda, atenta aos rigorosos requisitos estabelecidos para a exploração de diamantes naquele Estado, a autora requer que essa Corte declare a inconstitucionalidade do ato normativo impugnado por ofensa à CRFB.

DIREITO ADMINISTRATIVO

Enunciado da FGV	Paráfrase
O Ministério da Cultura publicou, na imprensa oficial, edital de licitação que veio assinado pelo próprio Ministro da Cultura, na modalidade de tomada de preços, para a elaboração do projeto básico, do projeto executivo e da execução de obras de reforma de uma biblioteca localizada em Brasília. O custo da obra está estimado em R$ 2.950.000,00 (dois milhões novecentos e cinquenta mil reais). O prazo de execução é de 16 (dezesseis) meses, e, de acordo com o cronograma divulgado, a abertura dos envelopes se dará em 45 (quarenta e cinco) dias e a assinatura do contrato está prevista para 90 (noventa) dias. Do edital constam duas cláusulas que, em tese, afastariam do certame a empresa ABCD Engenharia. A primeira diz respeito a um dos requisitos de habilitação, pois se exige dos licitantes, para demonstração de qualificação técnica, experiência anterior em contratos de obra pública com a União (requisito não atendido pela empresa, que já realizou obras públicas do mesmo porte que a apontada no edital para diversos entes da Federação, mas não para a União). A segunda diz respeito à exigência de os licitantes estarem sediados em Brasília, sede do Ministério da Cultura, local onde se dará a execução das obras (requisito não atendido pela empresa, sediada no Município de Bugalhadas).	O Ministério da Cultura publicou edital de licitação na modalidade de tomada de preços, para a elaboração dos projetos básico e executivo para a realização de obras de reforma de uma biblioteca em Brasília. O prazo estipulado para a execução é de dezesseis meses, e, de acordo com o cronograma divulgado, a abertura dos envelopes ocorrerá dentro de quarenta e cinco dias e a assinatura do contrato está prevista para noventa dias. Como requisitos para a habilitação, o edital exige, além da qualificação técnica, consistente em experiência anterior em contratos de obra pública com a União, que os licitantes sejam sediados em Brasília, onde serão realizadas as obras. A impetrante, embora já tenha realizado obras para diversos entes da Federação, nunca contratou com a União, além de não possuir sede em Brasília, por isso não preenche os requisitos legais para participar da licitação, que considera ilegais. Pretendendo concorrer ao certame, a impetrante move o presente mandado de segurança a fim de suspender o processo licitatório e garantir o seu direito líquido e certo de participar do certame.

DIREITO ADMINISTRATIVO	
Enunciado da FGV	**Paráfrase**
Na mesma semana em que foi publicado o edital, a empresa o procura para que, na qualidade de advogado, ajuíze a medida cabível para evitar o prosseguimento da licitação, reconhecendo os vícios do edital e os retirando, tudo a permitir que possa concorrer sem ser considerada não habilitada, e sem que haja vício que comprometa o contrato. Pede, ainda, que se opte pela via, em tese, mais célere. Elabore a peça adequada, considerando não ser necessária a dilação probatória, haja vista ser preciso apenas a juntada dos documentos próprios (edital, cópia dos contratos com outros entes federativos etc.) para se comprovar os vícios alegados. Observe o examinando que o interessado quer o procedimento que, em tese, seja o mais célere.	

DIREITO TRIBUTÁRIO	
Enunciado da FGV	**Paráfrase**
Em março de 2014, o Estado A instituiu, por meio de decreto, taxa de serviço de segurança devida pelas pessoas jurídicas com sede naquele Estado, com base de cálculo correspondente a 3% (três por cento) do seu faturamento líquido mensal. A taxa, devida trimestralmente por seus sujeitos passivos, foi criada com o objetivo de remunerar o serviço de segurança pública prestado na região. A taxa passou a ser exigível a partir da data da publicação do decreto que a instituiu. Dez dias após a publicação do decreto (antes, portanto, da data de recolhimento da taxa), a pessoa jurídica PJ Ltda. decide impugnar o novo tributo, desde que sem o risco de suportar os custos de honorários advocatícios na eventualidade de insucesso na demanda, tendo em vista que pretende participar de processo licitatório em data próxima, para o qual é indispensável a apresentação de certidão de regularidade fiscal, a qual será obstada caso a pessoa jurídica deixe de pagar o tributo sem o amparo de uma medida judicial. Considerando a situação econômica do contribuinte, elabore a medida judicial adequada para a impugnação do novo tributo e a garantia da certidão de regularidade fiscal necessária à sua participação na licitação, considerando a desnecessidade de dilação probatória e indicando todos os fundamentos jurídicos aplicáveis ao caso.	O Governo do Estado A instituiu, em março de 2014, por meio de decreto, e com o objetivo de remunerar o serviço de segurança pública, taxa de serviço a ser paga trimestralmente pelas pessoas jurídicas sediadas no Estado, tendo como base de cálculo 3% (três por cento) do seu faturamento líquido mensal, exigível a partir da data da publicação do decreto A pessoa Jurídica PJ Ltda, ora impetrante, entende indevida a instituição da taxa, por violação às normas constitucionais vigentes. Todavia, diz que necessita obter certidão de regularidade fiscal, sem a qual não poderá participar de processo licitatório em data próxima. Para ver garantida, liminarmente, a obtenção da certidão sem o pagamento da taxa e a suspensão em definitivo da cobrança do tributo, a impetrante move o presente mandado de segurança, por ter o rito célere, além de dispensar a dilação probatória e o recolhimento de honorários advocatícios, os quais o impetrante não está disposto a pagar em caso de insucesso na demanda.

DIREITO EMPRESARIAL	
Enunciado da FGV	**Paráfrase**
O microempreendedor individual Teófilo Montes emitiu, em caráter *pro soluto*, no dia 11 de setembro de 2013, nota promissória à ordem, no valor de R$ 7.000,00 (sete mil reais), em favor de Andradas, Monlevade & Bocaiúva Ltda., pagável no mesmo lugar de emissão, cidade de Cláudio/MG, comarca de Vara única e sede da credora. Não há endosso na cártula, nem prestação de aval à obrigação do subscritor.	O autor, microempreendedor individual, emitiu, em 11 de setembro de 2013, nota promissória à ordem, em caráter pro soluto, sem endosso nem prestação de aval, em favor de Andradas, Monlevade & Bocaiúva Ltda., no valor de R$7.000,00 (sete mil reais), a ser paga no mesmo lugar da emissão, na cidade de Cláudio/MG, sede da empresa credora.
O vencimento da cártula ocorreu em 28 de fevereiro de 2014, data de apresentação a pagamento ao subscritor, que não o efetuou. Não obstante, até a presente data, não houve o ajuizamento de qualquer ação judicial para sua cobrança, permanecendo o débito em aberto. Sem embargo, a sociedade empresária beneficiária levou a nota promissória a protesto por falta de pagamento, tendo sido lavrado o ato notarial em 7 de março de 2014. Persiste o registro do protesto da nota promissória no tabelionato e, por conseguinte, a inadimplência e o descumprimento de obrigação do subscritor.	A cártula venceu em 28 de fevereiro de 2014, na mesma data em que foi apresentada para pagamento ao subscritor, que não o efetuou.
	O débito permaneceu aberto, sem cobrança judicial, no entanto a sociedade empresária levou a cártula a protesto por falta de pagamento, cujo ato notarial foi lavrado em 7 de março de 2014.
	O registro do protesto ainda persiste no tabelionato e, consequentemente, prossegue o inadimplemento e descumprimento da obrigação do subscritor.
Teófilo Montes procura você, como advogado(a), e relata que não teve condições de pagar a dívida à época do vencimento e nos anos seguintes. Contudo, também não recebeu mais nenhum contato de cobrança do credor, que permanece na posse da cártula.	Diante do lapso temporal entre o vencimento da nota promissória e o protesto, o autor pretende extinguir o registro do protesto e seus efeitos, a fim de "limpar seu nome" e eliminar as restrições impostas pelo protesto à concessão de crédito à sua pessoa.
A intenção do cliente é extinguir o registro do protesto e seus efeitos, diante do lapso de tempo entre o vencimento da nota promissória e seu protesto, de modo a "limpar seu nome" e eliminar as restrições que o protesto impõe à concessão de crédito.	
Com base nos fatos relatados, elabore a peça processual adequada.	

11
FUNDAMENTOS JURÍDICOS DO PEDIDO (OU FUNDAMENTOS DE DIREITO)

Os fundamentos jurídicos do pedido, também conhecidos como "fundamentos de direito" ou ainda "causa de pedir", constituem um dos requisitos essenciais da petição inicial (art. 319, III, CPC).

Compreendem a descrição dos fatos que geraram o conflito (causa de pedir remota) e ainda a apresentação dos fundamentos de direito capazes de solucionar o caso com eficácia e de gerar o direito invocado (causa de pedir próxima), cumprindo os fins sociais

Em outras palavras, ao fundamentar a peça, o peticionante deverá comprovar a presença do nexo jurídico entre os fundamentos de direito e os fatos.

O meio mais eficaz de desenvolver as teses jurídicas é percorrendo os seguintes passos:

1º) analisar a situação fática posta pela banca examinadora;

2º) estabelecer o fato a ser solucionado (extraído do enunciado da peça);

3º) Separar as teses por tópicos:

> 1. Da justiça gratuita (...)
> 2. Dos danos morais
> 3. Dos danos materiais
> 4. Dos lucros cessantes

4º) estabelecer as normas legais, teses doutrinárias ou jurisprudenciais aplicáveis ao caso (pesquisar no *vade mecum*);

5º) conferir se o fato se adequa ou não à norma e se a norma é eficaz para solucionar o conflito;

6º) indicar todos os fundamentos que forem encontrados sobre a matéria;

7º) elaborar o raciocínio jurídico e estruturá-lo na forma de um silogismo (conjunto de afirmações que se conectam e permitem chegar a uma conclusão lógica);

8º) demonstrar de que forma os fatos concretos do enunciado se submetem àqueles dispositivos legais ou jurisprudenciais (subsunção do fato à norma);

9º) concluir o raciocínio de forma lógica e coerente.

Em resumo, ao fazer esse exercício, o operador do direito estará aplicando o direito ao caso concreto.

A melhor forma de fazer isso é por meio do **silogismo,** que é um mecanismo lógico por meio do qual se deduz uma conclusão a partir de premissas.

O silogismo é constituído de três proposições: a premissa maior (P), a premissa menor (p) e a conclusão. A conclusão decorre das premissas.

Tomemos como exemplo o silogismo mais conhecido de todos, construído pelo filósofo Aristóteles: "Todo homem é mortal. Pedro é homem. Logo, Pedro é mortal."

Todo homem é mortal ⇒ **Premissa maior (P):** é o termo universal: deve servir para todas as hipóteses idênticas (todo ou nenhum).

Pedro é homem ⇒ **Premissa menor (p):** é o termo médio, uma situação individual, a qual possui uma ideia em comum com a premissa maior (P).

Logo Pedro é mortal ⇒ **Conclusão (C):** decorre da relação entre as ideias contidas na premissa maior (P) e na menor (p). A conclusão somente será verdadeira, se as duas premissas também o forem.

Empregando esse raciocínio na esfera jurídica, recomenda-se que a petição inicial seja construída com a mesma estrutura do silogismo.

Para construir um silogismo jurídico, primeiro você deve armar o silogismo de tal forma que a tese inicial venha a ser a conclusão.

Vejamos o seguinte exemplo hipotético:

Caso 1. Determinada empresa solicita ao fisco isenção do imposto de renda, alegando tratar-se de entidade filantrópica e sujeita à obtenção do benefício. O direito é negado e você ingressa com a ação judicial.

Eis os passos para elaborar os fundamentos de direito da peça prático-profissional:

Arme o silogismo de forma que a tese inicial venha a ser a conclusão:

11 • FUNDAMENTOS JURÍDICOS DO PEDIDO (OU FUNDAMENTOS DE DIREITO)

1. Premissa maior (P): Aponte a norma jurídica aplicável (constituição, leis, doutrina, jurisprudência) → possui caráter universal é aplicada em abstrato:

As entidades filantrópicas são isentas do pagamento de imposto de renda.

2. Premissa menor (p): fatos concretos extraídos do enunciado fornecido pela banca:

A autora é uma entidade filantrópica, conforme faz prova a documentação apresentada (atos constitutivos, registros etc.).

3. Subsunção do fato à norma: verifique a possibilidade de aplicar a norma ao caso concreto; pode ser sim ou não. Em caso afirmativo (sim), a parte possui o direito que pleiteia; em caso negativo (não), a parte não possui o direito que pleiteia.

4. Conclusão (C): aplique a norma legal e solucione o caso concreto:

Portanto, a autora é isenta do pagamento de imposto de renda.

Pronto. Está elaborado o fundamento jurídico:

> Nos termos do art... da Lei..., as entidades filantrópicas são isentas do pagamento do imposto de renda. No caso em análise, verifica-se da documentação apresentada – atos constitutivos, registros etc. – que a autora ostenta a natureza de entidade filantrópica. Portanto, nos termos da legislação de regência, deve obter a isenção do imposto de renda.

Vejamos outros exemplos hipotéticos para fixar:

Caso 2. João ocupa área urbana de cento e setenta metros quadrados como sua moradia e da família, de forma mansa e pacífica, durante três anos ininterruptos e pretende adquirir a propriedade.

(P) Segundo o disposto no art. 1.240 do Código Civil, "aquele que possuir, como sua, área urbana de até duzentos e cinquenta metros quadrados, por cinco anos ininterruptamente e sem oposição, utilizando-a para sua moradia ou de sua família, adquirir-lhe-á o domínio, desde que não seja proprietário de outro imóvel urbano ou rural".

(p) No caso em análise, João ocupa área urbana para sua moradia, de forma mansa e pacífica. Todavia, embora a área em litígio seja de cento e setenta metros quadrados, o possuidor a ocupou por apenas três anos ininterruptos.

(C) Portanto, o requerente não preenche os requisitos para adquirir o domínio.

Caso 3 João ingressa com ação reivindicatória contra Pedro para reaver a propriedade de um imóvel. Pedro contesta, alegando que é necessário o consentimento do cônjuge mulher para ajuizar a ação e a procuração não veio assinada por ela.

(P) Conforme dispõe o art. 73 do Código de Processo Civil, *"o cônjuge necessitará do consentimento do outro para propor ação que verse sobre direito real imobiliário, salvo quando casados sob o regime de separação absoluta de bens".*

(p) No caso em tela, trata-se de *ação* reivindicatória, que versa sobre direito real *imobiliário*, todavia o casamento foi realizado sob o regime de comunhão parcial de bens.

(C) Assim, o *cônjuge* necessitará do consentimento do outro para propor a *ação*.

Caso 4. João impetra mandado de segurança contra o Estado X visando suspender o ato do governador do Estado que estabeleceu cobrança de IPVA de forma diferenciada, estabelecendo para veículos importados alíquotas maiores que para os veículos nacionais.

(P) Segundo a dicção do art. 155, § 6º, inciso II, da CRFB/1988, "o imposto sobre propriedade de veículos automotores poderá ter alíquotas diferenciadas em função do tipo e utilização".

(p) No caso em análise, o Estado X estabeleceu alíquotas diferenciadas de Imposto sobre a Propriedade de Veículos Automotores (IPVA) entre veículos nacionais e importados, estabelecendo para estes alíquota superior ao daqueles.

(C) Como se vê, a diferenciação da alíquota deu-se em razão da origem do bem e não em função do tipo e utilização, que são as hipóteses admitidas pela CRFB/1988.

Desmembramento de premissas:

Muitas vezes, a premissa maior precisa ser desmembrada em outras premissas para incluir um outro dispositivo legal, uma súmula ou um entendimento jurisprudencial conforme se pode ver no exemplo abaixo, aplicável ao Direito Penal.

Caso 5. O cidadão pede liberdade provisória em razão de prisão cautelar por crime de tráfico de drogas. Alega que não se justifica a prisão cautelar e comprova que é réu primário, de bons antecedentes, com residência fixa e emprego certo.

(P) *Os crimes previstos nos arts. 33, caput e § 1º, e 34 a 37 desta Lei são inafiançáveis e insuscetíveis de sursis, indulto, anistia e liberdade provisória, vedada a conversão de suas penas em restritivas de direitos* (art. 44 da Lei n. 11.343/2006).

(P) O STF, todavia, no julgamento do RE n. 1038925, julgou inconstitucional a expressão "liberdade provisória", contida no referido dispositivo legal, com repercussão geral reconhecida. Com isso, o STF passou a admitir a prisão cautelar por crime de tráfico apenas quando verificada, no caso concreto, a presença de algum dos requisitos do artigo 312 do Código de Processo Penal.

(p) No caso em análise, não se verificam presentes os requisitos da prisão preventiva previstos no art. 312 do CPC, pois o acusado é réu primário, de bons antecedentes, possui residência fixa e ocupação lícita.

(C) Portanto, é cabível a concessão da liberdade provisória postulada.

Vejamos agora um exemplo de silogismo armado com uma norma jurídica dotada de sanção.:

Caso 6. João provoca colisão frontal de seu veículo com o de Paulo em rua movimentada do centro da cidade, causando a este prejuízo de R$ 3 mil.

O julgamento de um dano moral tem dois momentos bem específicos: 1) momento em que o juiz qualifica o ato como lícito ou ilícito e 2) definição do valor do dano a ser pago como "compensação" por uma ofensa praticada.

O primeiro momento então seria:

1. (P): art. 186, CC: *Aquele que, por ação ou omissão voluntária, negligência ou imprudência, violar direito e causar dano a outrem, ainda que exclusivamente moral, comete ato ilícito.*

2. (p): João agiu com imprudência na condução do veículo, pois estava dirigindo com excesso de velocidade e avançou o sinal vermelho, vindo a colidir na traseira do automóvel de Paulo, causando-lhe prejuízo material.

3. Subsunção do fato à norma: constatação da possibilidade de aplicar a norma ao caso concreto: sim, é possível aplicar a norma ao caso concreto.

4. (C): Logo, João cometeu ato ilícito.

Vejamos agora o silogismo decorrente da violação da norma acima.

1. (P): art. 927, CC: *Aquele que, por ato ilícito* (arts. 186 e 187), *causar dano a outrem, fica obrigado a repará-lo.*

2. (p): João causou dano ao autor (colisão no veículo de Paulo) por ato ilícito (imprudência na condução do automóvel).

3. constatação da possibilidade de aplicar a norma ao caso concreto: sim.

4. (C): Logo, João terá que reparar o dano.

Pronto. Está elaborado o fundamento jurídico:

> Nos termos do art. 186 do Código Civil, comete ato ilícito aquele que, por ação ou omissão voluntária, negligência ou imprudência, violar direito e causar dano a outrem, ainda que exclusivamente moral, ficando o agente, consequentemente obrigado a reparar o dano, conforme o disposto no art. 927 do mesmo diploma legal.
>
> No caso em exame, estão presentes os elementos configuradores do dever de reparar o dano, quais sejam, o ato ilícito, pois João, por ação voluntária, dirigia de forma imprudente, imprimindo alta velocidade ao veículo e avançando o sinal vermelho. Também está presente o dano e o nexo de causalidade, pois, com a sua imprudência, João acarretou colisão frontal com o veículo de Paulo causando-lhe prejuízo material de grande monta.
>
> Consequentemente, em razão do ilícito cometido, João deverá reparar os danos causados a Paulo nos termos dos dispositivos acima mencionados.

Hierarquia das fontes:

É muito comum depararmos com situações em que a resposta encontra respaldo em mais de um diploma legal ou em mais de uma fonte do direito. Nesses casos, a recomendação é citar todos os fundamentos que o examinando souber. Isso porque a própria banca examinadora, no caderno de provas, esclarece que "a peça deve abranger todos os fundamentos de Direito que possam ser utilizados para dar respaldo à pretensão". E no padrão de respostas, muitas vezes, ela exige todos os dispositivos aplicáveis ou admite apenas um. O excesso nunca é penalizado; a falta, sim.

Ao citar vários fundamentos de direito, observe a hierarquia das fontes:

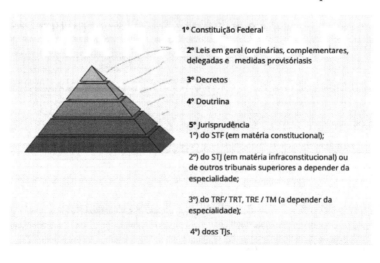

Distribuição das teses:

Os fundamentos jurídicos podem ser elaborados em um só corpo ou dividido em capítulos:

Da justiça gratuita
Da liminar:
Da prescrição:
Do mérito:
etc.

A divisão em capítulos facilita a compreensão da peça e a localização dos temas abordados. Além disso, traz economia para quem escreve, pois dispensa o uso de conectores para fazer a ligação entre as frases e os parágrafos. Basta intitular o capítulo e iniciar a resposta, armando o silogismo. O título vale como introdução do capítulo. É como se você dissesse: "Passemos a seguir a abordar "a justiça gratuita".

As preposições DA, DO, que introduzem os títulos e subtítulos servem para indicar exatamente isso: que passaremos, a seguir, a abordar o tema.

Para treinar o uso do silogismo, recomenda-se que o examinando selecione peças já aplicadas pela FGV e faça os exercícios. Assim, será possível constatar como é fácil elaborar os fundamentos jurídicos da petição com a técnica aqui apresentada, e como ele estará treinado para a prova.

Aspectos formais:

E para finalizar este capítulo, seguem pequenos detalhes sobre a elaboração dos fundamentos jurídicos.

- Não se deve registrar o nome próprio das partes litigantes na fundamentação (Carlos, Mário, Simone), mas sim recorrer-se a termos técnicos previstos na lei processual como autor, réu, agravante, agravado, apelante, apelado;
- Dispensa-se o uso de adjetivações desnecessárias tais como egrégio, douto, renomado etc.
- Rejeitam-se expressões subjetivas como eu acho, eu entendo, eu penso, conforme já mencionado no item relativo à impessoalidade.

Pedidos de medida de urgência:

Havendo pedido de liminar ou de tutela de urgência, os fundamentos devem ser incluídos no mesmo capítulo referente aos fundamentos de direito.

Mas onde exatamente serão inseridas as razões do pedido: no início ou no fim da fundamentação?

Muitos vão dizer que é no início, pois se trata de uma medida que é concedida na fase inicial do processo, sem ouvir a parte contrária.

Todavia, a recomendação é para que se faça no final. Veja as razões.

A fundamentação jurídica serve para demonstrar ao juiz que os fatos estão devidamente comprovados nos autos (documentos tais) e que o ordenamento jurídico protege o direito vindicado (arts. tais).

A medida de urgência, de igual forma, deve ser devidamente fundamentada e para a sua obtenção é necessário comprovar a existência dos requisitos legais: a probabilidade do direito e o perigo da demora.

Ocorre que a probabilidade do direito é requisito que se evidencia com a própria fundamentação de mérito, quando a tarefa é demonstrar as reais chances de a parte autora vencer a demanda.

Ao fundamentar o mérito, você já estará fundamentando o primeiro requisito da medida de urgência.

Se você fundamenta primeiro a medida de urgência, terá que fazê-lo duas vezes. Primeiro, para demonstrar os requisitos da medida; depois, para lançar as razões de mérito.

Se fundamenta depois, os fatos e os fundamentos da causa já estarão todos esclarecidos, o que torna dispensável nova narrativa. Basta então reportá-los ao juiz e demonstrar o perigo da demora.

O perigo da demora é o ponto fulcral da medida de urgência. Você deve demonstrar muito bem que a demora do provimento jurisdicional causará danos graves à parte requerente.

Portanto, para quem quer ser sucinto e objetivo, deve-se deixar para fundamentar o pedido de medida de urgência ao final dos fundamentos jurídicos. Essa prática ajuda a poupar seu tempo do examinando ao fundamentar esse item.

Vejamos um exemplo prático:

> A probabilidade do direito pode ser extraída dos próprios fundamentos jurídicos da petição, em que ficou demonstrado que as provas dos autos provam satisfatoriamente o direito postulado na demanda e que o direito ampara a tese aqui defendida.
>
> Também é evidente e justificado o perigo da demora, uma vez que a não concessão da medida de urgência causará sério prejuízo à parte autora, tais como... O provimento, se concedido apenas ao final da demanda, seria totalmente inócuo e danoso ao direito demandado.

Havendo liminar ou tutela de urgência, não se deve esquecer de requerer, no item referente ao pedido, a medida e a sua confirmação em definitivo quando ela tiver sido concedida.

Preliminares e outros afins:

Dependendo da natureza da petição e do enunciado, pode haver questões a serem suscitadas que antecedem o mérito. Exemplo disso é a contestação, em cujo bojo pode ser arguida uma ou mais de uma preliminar enumerada no art. 337 do CPC (nulidade, incompetência, inépcia etc.) ou mesmo uma prejudicial (prescrição e decadência). Outro exemplo são os recursos, cujos enunciados geralmente exigem a abordagem de questões como cabimento, tempestividade, preparo. É o caso ainda da ação de mandado de segurança, em que, na grande maioria das vezes, se exige a abordagem sobre o cabimento, legitimidade, decadência, entre outros. Portanto, é importante estar-se muito atento ao enunciado para extrair dele as reais intenções do examinador.

Modelos de fundamentos jurídicos extraídos de provas da FGV:

Para finalizar, seguem dois modelos de fundamentos jurídicos inspirados em enunciados de provas da FGV, construídos com o emprego da metodologia do silogismo jurídico.

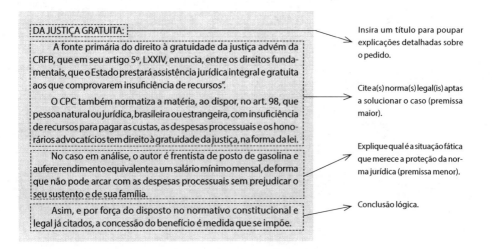

DO PEDIDO DE LIMINAR:

Segundo o disposto no art. 7º, III, da Lei 12.016/2009, cabe liminar em mandado de segurança "quando houver fundamento relevante e do ato impugnado puder resultar a ineficácia da medida, caso seja finalmente deferida..."

No caso em análise, encontram-se presentes ambos os requisitos para a obtenção da medida pretendida.

A relevância da fundamentação é evidente, pois se encontra devidamente amparada na jurisprudência pátria, a qual se firmou no sentido de ser ilegítima a exigência de apresentação do diploma no momento da inscrição ou em qualquer outra fase do concurso anteriormente à posse do candidato, ainda que haja previsão no edital nesse sentido (enunciado 266 da Súmula do STJ). Portanto, há elevada probabilidade de êxito da causa ao final.

O receio de ineficácia da medida também é manifesto, uma vez que o impetrante pretende participar do concurso, cujas inscrições encerram-se em cinco dias, e a sua inscrição poderá ser obstada caso não obtenha o amparo em uma decisão liminar que lhe garanta a dispensa de apresentação do diploma. A demora na obtenção do provimento jurisdicional poderá tornar ineficaz a medida caso deferida apenas ao final do julgamento da demanda.

Assim, preenchidos os requisitos legais, deve ser concedida a liminar, a fim de garantir ao impetrante a inscrição no concurso sem a apresentação do diploma do curso superior.

Insira um título para poupar explicações detalhadas sobre o pedido.

Premissa maior (norma legal apta a solucionar o caso).

Premissa menor (fatos extraídos do enunciado).

Conclusão.

12
PEDIDO

O pedido é um dos requisitos mais importante da petição inicial (art. 319, IV, CPC) e consiste em demonstrar a pretensão deduzida pelo autor da ação.

É no pedido que o autor indica o provimento jurisdicional pretendido com o ajuizamento da ação (uma sentença declaratória, constitutiva, condenatória, mandamental, executiva), e o bem jurídico almejado (um valor em dinheiro, a remoção de uma pessoa, uma obrigação de fazer ou de não fazer, a resolução de um contrato, a anulação de uma multa, a apreensão de um veículo etc.).

Para cada tese defendida nos fundamentos jurídicos corresponde praticamente um pedido.

Portanto, o pedido possui duas naturezas:

a) **Pedido imediato** ⟹ possui natureza processual, está ligado ao provimento jurisdicional perseguido e é traduzido pela manifestação do Estado-Juiz: sentença declaratória, constitutiva, condenatória, mandamental, executiva.

b) **Pedido mediato** ⟹ possui natureza material e diz respeito à satisfação de um direito violado: um valor em dinheiro, a remoção de uma pessoa, uma obrigação de fazer ou de não fazer, a rescisão de um contrato, a anulação de uma multa, a apreensão de um veículo, entre outros.

Veja no quadro o pedido com as suas especificações:

PEÇA	PEDIDO IMEDIATO	PEDIDO MEDIATO
Inicial	Procedência do pedido	para... • condenar o réu... • rescindir o contrato... • efetuar o depósito... • extinguir a obrigação... • determinar a desocupação... • cominar multa... • declarar a nulidade do... etc.

PEÇA	PEDIDO IMEDIATO	PEDIDO MEDIATO
Contestação	Improcedência do pedido	
Recursos	Provimento do recurso	para... reformar a sentença e • julgar improcedente o pedido • julgar procedente o pedido • reduzir o valor da indenização • aumentar o valor da indenização etc.
Contrarrazões	Desprovimento do recurso	

Em linguagem jurídica, PROCEDENTE é aquilo que é admitido, favoravelmente atendido e acatado pela justiça.

Procedência do pedido:

Ao redigir o pedido de mérito, o autor deve requerer a **PROCEDÊNCIA DO PEDIDO** e não a procedência da ação, pois ação é reconhecidamente o direito de demandar em juízo e este direito é sempre procedente.

O pedido de procedência (feito pelo autor) e de improcedência (feito pelo réu) é reservado às situações em que o processo é extinto com resolução do mérito.

Outros pedidos:

Além do pedido de mérito, é possível, entre outros, requerer a concessão de justiça gratuita, de tutela de urgência e suscitar preliminares, que são as questões processuais que, a depender da natureza, se acolhidas, impedem a análise de mérito.

Havendo pedido de tutela de urgência, deve ser requerida a concessão da tutela e a sua confirmação em definitivo quando do julgamento do mérito da demanda.

Adequação do pedido:

Para cada ação ou medida judicial existe uma forma apropriada de pedir.

É importante dominar a técnica jurídica, para que o pedido seja adequado ao provimento postulado.

Veja abaixo algumas possibilidades:

Ações em geral	Procedência do pedido [para...]
Reconvenção	Procedência do pedido [para...]
Contestação	Improcedência do pedido
Recursos em geral	Provimento do recurso [para...]
Contrarrazões	Desprovimento do recurso
Embargos de declaração	Acolhimento dos embargos
Mandado de segurança	Concessão da segurança
Habeas corpus	Concessão da ordem
Tutelas de urgência, liminar ou cautelar	Concessão ou deferimento [da tutela] [da liminar]
Preliminar	Acolhimento da preliminar
Requerimentos genéricos	Deferimento

Ordem de apresentação dos pedidos:

Nos casos em que houver pedidos acessórios, atente-se para a seguinte ordem de apresentação:

1º – pedido de justiça gratuita, se for o caso;

2º – concessão de liminar (ou tutela de urgência);

3º – acolhimento de preliminar(es) ou prejudicial(is) – a ser confirmada em definitivo;

4º – pedido(s) de mérito (procedência para...);

5º – condenação nos ônus da sucumbência (custas e honorários).

Pedido x requerimento:

Existe diferença entre pedir e requerer?

Pedir e requerer, na linguagem jurídica, são termos comumente usados como sinônimos, mas não se confundem.

1. Pedido:

É o ato processual pelo qual o autor busca, em juízo, obter um **direito subjetivo** ainda não conquistado ou garantido. É a busca da prestação jurisdicional.

O pedido **advém da petição inicial**, o qual determinará a natureza da sentença pretendida (declaratória, condenatória, constitutiva, mandamental, executiva).

Quando o autor busca uma indenização, uma pensão alimentícia, um despejo, uma desconstituição de débito, uma rescisão de contrato, uma obrigação de fazer ou não fazer etc., ele formula um **pedido**.

Veja que o CPC, no art. 319, IV, elenca, entre os requisitos da petição inicial, *o pedido, com suas especificações*. Não é só força de expressão, mas rigor técnico.

O **pedido** sempre **provoca uma decisão do juiz**, de "procedência" ou de "improcedência".

2. Requerimento:

É o ato processual pelo qual as partes litigantes buscam garantir um direito previsto na lei instrumental, mas pendente de análise dos pressupostos pelo juiz.

O requerimento advém da petição inicial, da contestação, das impugnações e de outras pretensões genéricas formuladas no curso do processo.

Quando a parte busca a gratuidade da justiça, a intimação da parte ou do perito, a intervenção do Ministério Público, a produção de prova, a remessa dos autos à contadoria, o desentranhamento de peças, a juntada de documentos, a expedição de certidões, de ofícios, de alvarás etc., ela não faz uma petição, mas um **requerimento;** ela não pede, mas **requer.**

O requerimento sempre **provoca um despacho do juiz**, de "deferimento" ou de "indeferimento".

Na petição inicial, o autor formula, ao mesmo tempo, **pedidos** (prestação jurisdicional) e **requerimentos** (gratuidade da justiça, produção de provas, condenação nos ônus da sucumbência etc.).

Parece ambíguo, mas não há nada de errado nisso. Toda petição contém pedidos e requerimentos. Pode-se, portanto, pedir e requerer numa mesma petição:

> Posto isso, o autor **pede e requer ...**

É essa, portanto, a diferença entre os institutos.

O rigor doutrinário recomenda a distinção, mas são poucos os que fazem uso da técnica.

No Exame de Ordem, todavia, não se exige essa diferenciação portanto o examinando pode ou não usá-la.

Vejamos, no quadro a seguir, pedidos e requerimentos que podem ser formulados em uma petição inicial:

DO PEDIDO:

Posto isso, pede e requer o autor:

– o deferimento da justiça gratuita nos termos do art... (se for o caso);

– a concessão da liminar (ou de tutela de urgência), a fim de suspender o ato impugnado, medida a ser confirmada em definitivo quando julgamento do mérito da demanda;

– a aplicação do Código de Defesa do Consumidor (pedido acessório);

– a intimação do Ministério Público para se manifestar (pedido acessório);

– a notificação da autoridade coatora para prestar as informações (pedido acessório);

– a procedência do pedido para condenar o réu ao pagamento de ...;

– a condenação do vencido ao pagamento das custas processuais e dos honorários advocatícios...

Agora, vejamos um pedido formulado em uma apelação:

DO PEDIDO:

À vista do exposto, o apelante pede e requer:

a) o deferimento da justiça gratuita nos termos do art...;

b) a concessão da liminar, a fim de suspender o ato impugnado..., medida a ser confirmada em definitivo quando julgamento do mérito da demanda;

c) o acolhimento da preliminar a fim de cassar a sentença e...

d) o provimento da apelação, a fim de reformar a sentença e julgar improcedente o pedido inicial;

e) a condenação do autor ao pagamento das custas e dos honorários ...;

No caso de queixa-crime, o pedido a ser formulado é de "procedência da acusação", ou de "procedência da queixa-crime".

DO PEDIDO:

Isso posto, pede e requer o querelante:

1. a procedência da acusação, a fim de condenar o querelado pela prática do crime previsto no art....;

2. a citação do querelado para responder a presente ação penal, sob pena de revelia, nos termos do art...

3. A fixação de valor mínimo de indenização devido à querelante, nos termos do art...

Em caso de defesa do réu em alegações finais, o pedido depende do enunciado da peça, pois pode ser de absolvição, conforme um dos incisos do art. 386 do CPC, de redução da pena, de alteração do regime prisional, de substituição da pena etc.:

> **DO PEDIDO:**
>
> À vista do exposto, o réu pede e requer:
>
> a) Preliminarmente, o reconhecimento da nulidade dos atos praticados desde a primeira audiência de instrução e julgamento;
>
> b) No mérito, a absolvição, com fulcro no art. 386, inciso III, do CPP;
>
> c) Na eventualidade de condenação, que seja feita nova dosimetria da pena considerando:
>
> – o afastamento da qualificadora do art. 213, §1º, do CP e aplicação da pena base no mínimo legal;
>
> – o afastamento da agravante do art. 61, inciso II, f, do CP;
>
> – o reconhecimento da atenuante da confissão espontânea;
>
> – a redução máxima da pena em razão da tentativa;
>
> – a fixação do regime aberto ou semiaberto para início de cumprimento da pena.

O pedido deve ser claro, preciso e coerente, a fim de possibilitar a perfeita compreensão da pretensão deduzida pelo postulante. Deve haver conexão lógica com os fatos e os fundamentos de direito.

Para cada tese um pedido.

Se forem abordadas várias questões numa mesma petição (dano moral, dano material, lucros cessantes etc.) para cada uma deve corresponder um pedido (em conjunto ou separado). Veja os exemplos, sendo o primeiro preferível sobre o segundo, seja por questão de concisão, seja por economia de espaço.

> Posto isso, o autor pede e requer: (...)
>
> a) A procedência do pedido para condenar o réu ao pagamento de danos morais no valor correspondente a R$10.000,00, de danos materiais no valor de R$15.000,00 e de lucros cessantes no valor de R$6.000,00. (...)

ou

> Posto isso, o autor pede e requer: (...)
>
> a) A procedência do pedido para condenar o réu ao pagamento de danos morais no valor correspondente a R$10.000,00;
>
> b) A procedência do pedido para condenar o réu ao pagamento de danos materiais no valor de R$15.000,00;
>
> c) A procedência do pedido para condenar o réu ao pagamento de lucros cessantes no valor de R$6.000,00.

Assim também acontece no Direito Penal, com teses sobre absolvição, redução da pena, abrandamento do regime prisional etc.

Simetria:

O pedido pode ser formulado em continuidade ao texto da petição inicial ou em tópico próprio. A boa técnica, todavia, recomenda que venha em tópico separado, para ganhar o devido destaque e facilitar a leitura.

Ao formular o pedido em sua petição, atente-se para a simetria da redação, ou seja, use a mesma estrutura gramatical: ou substantivos ou orações subordinadas substantivas. Deve-se dar preferência aos substantivos pois eles conferem mais força à frase. Não se deve misturar as estruturas em uma enumeração. Deve-se escolher uma delas e seguir o mesmo padrão em todos os itens.

SUBSTANTIVOS	ORAÇÕES SUBSTANTIVAS
Posto isso, pede e requer o autor:	Posto isso, pede e requer o autor:
– **a concessão** da justiça gratuita, nos termos do art...;	– **que seja** concedida a justiça gratuita, nos termos do art...
– **a concessão** da tutela de urgência, a fim de garantir...	– **que seja** concedida a tutela de urgência, a fim de garantir...
– **a aplicação** do Código de Defesa do Consumidor;	– **que seja aplicado** o CDC;
– **a inversão** do ônus da prova;	– **que seja invertido** o ônus da prova;
– **a procedência** do pedido para condenar o réu ao pagamento de...	– **que seja** julgado procedente o pedido para condenar o réu ao pagamento de...
– **a condenação do réu** ao pagamento das custas...	– **que seja** o réu condenado ao pagamento das custas...

Atente-se, mais uma vez, para a redação correta, a depender do provimento jurisdicional pretendido.

Petição inicial e reconvenção	Procedência do pedido para...
Petição inicial na ação de mandado de segurança	Concessão da segurança para...
Contestação	Improcedência do pedido
Recursos em geral	Provimento do recurso para reformar a sentença e...
Contrarrazões	Desprovimento do recurso para manter a sentença...

Em geral, na contestação, o réu pode arguir preliminares visando à extinção do processo sem resolução do mérito ou buscar, no mérito, a "improcedência do pedido". Na verdade, nessa peça não há um "pedido" propriamente, mas sim um "contrapedido". Pretendendo ver satisfeita uma pretensão, o réu deve usar de meio próprio, que é a reconvenção.

Por isso, na contestação, pode-se intitular o tópico de "CONTRAPEDIDO", de "CONCLUSÃO", ou mesmo de "PEDIDO", caso assim prefira o examinando. O termo "pedido", contudo, está consagrado pelo uso.

A mesma regra vale para as contrarrazões, com a diferença de que, nesse tipo de petição, a parte busca o "desprovimento do recurso".

O pedido de reforma da sentença nos recursos:

Nas apelações em geral, também há preliminares, e o pedido deve ser sempre de provimento do recurso para **reformar a sentença.** A eventual ausência desse item implica desconto na pontuação da prova do Exame de Ordem.

Pedido alternativo x pedido subsidiário:

Um erro muito comum de estudantes, que vale à pena abordar, é quanto à redação do pedido **alternativo** e do **subsidiário.**

O erro decorre do emprego da conjunção alternativa **OU,** usada em ambos os casos, o que remete sempre à ideia de alternatividade.

Veja a diferença entre eles:

1. Pedido alternativo (art. 325, CPC)

O autor formula mais de um pedido, **da mesma hierarquia,** para que seja atendido um ou outro, indistintamente, sem estabelecer uma ordem de preferência. O acolhimento de qualquer um dos pedidos satisfaz por completo a pretensão deduzida na inicial.

É o pedido apelidado de "OU OU", ou seja, tanto faz.

> Requer a procedência do pedido para condenar o réu ao pagamento de R$ 3 mil, OU, alternativamente, a entrega da bicicleta GTS, aro 29, 27 marchas de propriedade do réu.

> Requer a procedência do pedido para determinar que o réu realize os reparos na garagem em virtude da colisão do veículo OU, alternativamente, que ressarça ao condomínio o valor dos custos da obra.

2. Pedido subsidiário (art. 326, CPC)

O autor formula mais de um pedido **de hierarquias diferentes** para que seja acolhido preferencialmente **o pedido principal** e, em ordem sucessiva, **o subsidiário.**

É o pedido apelidado de "UM OU".

No pedido subsidiário, é usual a expressão: ... caso V. Exa. indefira o pedido de... que seja concedido o...

Há autores que recomendam evitar o uso da conjunção "ou" no pedido subsidiário:

> Requer a resolução do contrato. Subsidiariamente, a revisão da cláusula contratual.

> Requer a resolução do contrato. Caso assim não se entenda, pede subsidiariamente, a revisão da cláusula contratual referente aos juros, reduzindo-os ao patamar legal.

O pedido subsidiário é bastante comum nas ações penais e nos recursos.

> Requer a absolvição do réu. Subsidiariamente, a redução da pena imposta, com o abrandamento do regime prisional.

> Requer a reforma da sentença que o condenou ao pagamento da indenização por danos materiais. Subsidiariamente, a redução do valor indenizatório para o patamar de...

Finalizado o capítulo referente ao pedido, passemos a abordar o protesto por produção de provas.

13
PROTESTO POR PRODUÇÃO DE PROVAS

- É um dos requisitos obrigatórios da petição inicial (art. 319, VI, do CPC).
- É um meio legítimo de que se valem as partes para convencer o julgador da veracidade de suas alegações (art. 5º, LV, CF) (art. 369, CPC).
- Deve ser feito no final da petição inicial, com a indicação das provas que o autor pretende produzir: documental, testemunhal, pericial etc.
- Deve vir em tópico independente do "pedido", mas em sequência a ele (art. 319, VI, do CPC).
- É desnecessário em ações eminentemente documentais, como mandado de segurança e *habeas corpus*, pois as provas devem vir pré-constituídas (previamente comprovadas). Nesses casos, basta protestar pela juntada da prova.

Aspectos formais:

Sobre a redação do "protesto", sugere-se que não seja muito genérica (produção de todos os meios de prova admitidos), mas que se especifiquem sobretudo as provas imprescindíveis para a comprovação dos fatos alegados:

> Protesta pela produção de todas as provas em direito admitidas, especialmente pela apresentação de documentos, oitiva de testemunhas e depoimento pessoal do réu.

> Pretende provar o alegado por todos os meios de prova em direito admitidos, notadamente pela prova pericial que desde já fica requerida.

> Protesta pela produção de todas as provas em direito admitidas, em especial a oitiva das testemunhas que seguem arroladas abaixo, a saber...

Para as ações de mandado de segurança e *habeas corpus*, sugere-se a seguinte redação:

> Protesta pela juntada da prova pré-constituída em anexo, consistente em cópia do decreto que instituiu a taxa de serviço de segurança

Cabe registrar, finalmente, que este item (protesto por produção de provas) é exclusivo das petições iniciais, das contestações e das reconvenções, não cabendo incluí-lo na contestação e nos recursos.

14
VALOR DA CAUSA

- É requisito obrigatório da petição inicial, art. 319, V, do CPC).
- Deve ser indicado mesmo nas causas que não tenham conteúdo econômico imediatamente estimado (art. 291, CPC).
- Deve constar da petição inicial ou da reconvenção (art. 292, CPC).
- Deve corresponder ao conteúdo patrimonial discutido ou ao proveito econômico perseguido pelo autor, conforme dita a legislação processual.
- Se a lei não oferece parâmetros para a atribuição, ou se o valor é inestimável ou imensurável, devem ser observados os critérios de razoabilidade e proporcionalidade.
- Deve ser escrito em algarismos com o seu correspondente por extenso, formalidade dispensável no Exame de Ordem.
- É o último item da peça, antes do encerramento (imediatamente após o protesto por produção de provas).
- Em geral, o valor da causa deve ser indicado na peça de forma hipotética por meio de reticências, a menos que a banca exija o valor exato e forneça dados objetivos para a sua apuração.
- No âmbito do Direito Processual Civil, o valor da causa é estabelecido conforme parâmetros do art. 292 e ss. do CPC, ressalvadas as normas especiais.

Redação do tópico:

Na redação do item referente ao valor da causa, pode-se usar as seguintes variantes:

Atribui-se à causa o valor de: ... (conforme a redação do CPC)

Dá-se à causa o valor de: ... (segundo a prática jurídica)

Valor da causa: ... (forma mais reduzida)

15
OPÇÃO PELA REALIZAÇÃO DE AUDIÊNCIA DE CONCILIAÇÃO OU DE MEDIAÇÃO

- É requisito obrigatório da petição inicial (art. 319, VII, do CPC).
- Nas provas do Exame de Ordem não tem efeito prático, razão por que não é avaliado pela FGV.
- Não é necessário que o examinando perca seu precioso tempo com esse item da petição.

A opção deve vir indicada na inicial depois do protesto por produção de provas e, para quem tem curiosidade de saber um pouco sobre o assunto, segue algumas especificações:

- Não são todas as ações que admitem a audiência (ações de rito célere e de prova pré-constituída = mandado de segurança, *habeas corpus* entre outros).
- O art. 334, § 4º, do CPC prevê as hipóteses em que não haverá autocomposição.

Redação do tópico:

Sobre a redação do item, a sugestão é a seguinte:

> O autor opta pela (não) realização da audiência de conciliação (ou de mediação, se for o caso), nos termos do art. 319, VII, do CPC.

Vejamos, agora, no quadro abaixo, em conjunto, o protesto por produção de provas, o valor da causa e a opção ou não pela audiência de conciliação ou de mediação:

> DO PEDIDO
>
> [...]
>
> Protesta provar por todos os meios de prova em direito admitidos, em especial pela prova...;
>
> O autor opta pela não realização de audiência de conciliação, conforme admitido pelo art. 319, VII, do CPC.
>
> Atribui-se à causa o valor de ... (....)

16
ENCERRAMENTO

- É a parte em que o peticionante finaliza a petição.
- Fica abaixo do corpo do texto, onde geralmente é utilizada a expressão: *Nesses termos, pede deferimento.*
- É formalidade não prevista na lei, mas usual na prática forense.
- Deve ser empregado na prova prático-profissional, muito embora a exigência seja discutível entre os doutrinadores
- O texto correspondente deve vir, de preferência, com o mesmo recuo do parágrafo e deve ser pontuado ao final.

Redação do tópico:

É comum o uso dos seguintes fechamentos, ambos corretos, com vírgula, ponto-final e divididos em duas frases:

Nesses termos, pede deferimento. (nos termos anteriormente explanados)

Termos em que pede deferimento. (nos termos contidos na petição).

> Nesses termos,
> pede deferimento.

É possível ainda o emprego da expressão invertida, sem vírgula, mas com ponto-final, em frase única:

> Termos em que pede deferimento.

Deve-se evitar o uso do pronome "se" (pede-se), pois, na peça, o peticionante é uma pessoa determinada:

> Nesses termos, [o peticionante] pede deferimento.

Necessidade do encerramento:

Por que é discutível a redação do encerramento nas petições?

Porque não está elencado como um requisito da petição inicial segundo as diretrizes da norma processual.

Mas, para além da norma processual, há uma razão de ordem estrutural para continuarmos a usar o fechamento.

As petições jurídicas são estruturadas na forma de um requerimento, que é o gênero textual utilizado para pedir, solicitar ou requerer algo, judicialmente amparado.

Estruturalmente, a organização das petições e do requerimento são coincidentes, inclusive quanto ao fecho, como se pode ver do quadro a seguir que contém os itens de um e de outro documento:

REQUERIMENTO	PETIÇÃO
Vocativo: espécie de chamamento do destinatário, geralmente acompanhado de um pronome e tratamento adequado à relação estabelecida. Como regra, vem acima do texto, no topo da página.	Endereçamento
Preâmbulo: espaço onde se concentram os dados identificadores do requerente, como nome, RG, CPF, nacionalidade, estado civil etc.	Qualificação das partes
Corpo do texto: espaço onde se concentram os fundamentos da solicitação e da solicitação propriamente dita.	Narrativa dos fatos, fundamentação e pedido
Fecho: parte em que se conclui o texto. Fica abaixo do corpo do texto, onde geralmente é utilizada a expressão: *Nesses termos, pede-se* (ou pede) *deferimento.*	Fecho
Local e data: indicação de onde e quando o requerimento foi escrito.	Local e data
Assinatura: nome completo do requerente.	Assinatura

O que muito se questiona é para que serviria o encerramento senão para configurar uma redundância, já que as petições se encerram com o pedido.

Todavia, é importante lembrar que nem todas as petições se encerram com o item referente ao pedido.

Na petição inicial, por exemplo, existem elementos para além do pedido, como o protesto por produção de provas, a opção pela conciliação ou mediação e o valor da causa.

Por isso, a recomendação é para que se inclua o encerramento nas petições a fim de que, assim, elas sigam o modelo dos requerimentos em geral e para que não sejam finalizadas de forma repentina.

Por fim, que fique dito que a inserção do encerramento não é obrigatória nem a sua ausência resultará em prejuízo processual.

Mas em provas do Exame de Ordem ou de concursos para a área jurídica, convém ao examinando continuar a inserir o item sob pena de sofrer penalização.

17
LOCAL E DATA

Após o fecho, devem ser indicados **o local e a data** da petição (onde e quando a petição foi escrita).

Geralmente, **a data** deve ser indicada de forma hipotética por meio de reticências, a menos que a banca exija uma data específica e estabeleça parâmetros para a sua apuração (último dia do prazo para contestar ou recorrer, por exemplo). Nesse caso, no lugar da palavra "data...", deve-se apor o dia, mês e ano.

O mesmo pode ocorrer com **o local,** pois há enunciados que indicam onde deve ser formulada a petição (no local da sede de uma empresa ou no local da prestação do serviço, por exemplo). Nesse caso, no lugar da palavra "local...", deve-se apor o nome da comarca/cidade.

Vejamos os seguintes exemplos práticos:

> Nesses termos,
> pede deferimento.
> Local..., data...

ou

> Nesses termos,
> pede deferimento.
> Local..., 15 de dezembro de 2020.

ou

> Nesses termos,
> pede deferimento.
> Guajaramirim, data...

18
ASSINATURA

- Deve ser centralizada, e os demais elementos devem vir com o mesmo recuo do parágrafo e com pontuação ao final.

Não é permitido ao examinando apor o nome próprio na peça, cabendo apenas a indicação da palavra ADVOGADO... e OAB... conforme previsão do edital.

Do ponto de vista da padronização, o nome "ADVOGADO" e a "OAB" devem vir centralizados e em caixa alta (letra de forma do mesmo tamanho), seguidos de reticências ou XXX:

ADVOGADO...
OAB...

Veja agora, exemplo de fecho, local, data e assinatura

Nesses termos,
pede deferimento.
Local..., data...

ADVOGADO...
OAB...

Neste ponto, finalizamos o capítulo referente aos requisitos da petição inicial, que teve por base um modelo do de peça de processo civil.

Todavia, as diretrizes aqui estabelecidas são aplicáveis também a outros ramos do direito.

19
DAS QUESTÕES DISCURSIVAS

Agora, vamos falar das questões discursivas, trazendo, inicialmente, orientações sobre como preparar a fundamentação:

1. Leia atenciosamente o enunciado, analise a situação posta e colha os dados essenciais: partes conflitantes, datas, local dos fatos, urgências, hipossuficiência da parte etc.

2. Busque compreender o enunciado e apreender o problema.

3. Estabeleça as normas legais aplicáveis ao caso. Procure no índice-remissivo dos códigos o(s) fundamento(s) legal(i) adequado(s) para solucionar o problema proposto.

4. Elabore o raciocínio jurídico lógico e construa o silogismo jurídico (conjunto de afirmações que se conectam e permitem chegar a uma conclusão lógica).

5. Demonstre que os fatos se adequam à(s) norma(s) jurídicas elegidas e que a norma é eficaz para solucionar o conflito (subsunção do fato à norma)

6. Prepare a fundamentação jurídica: Em geral, nas provas da OAB, os enunciados das questões são fechados, ou seja, não admitem divagações nem opiniões pessoais.

7. Se for necessário, cite jurisprudência como desdobramento natural da argumentação.

8. Foque na pergunta e responda objetivamente o que se pede no enunciado. A resposta será a introdução da redação, a qual se repetirá no final, sob a forma de conclusão, com uma ligeira mudança na forma de redigir. Entre a introdução e a conclusão há o desenvolvimento, ou seja, a parte em que você demonstrará o seu conhecimento sobre a matéria. Para desenvolver a questão, arme o silogismo: cite a norma aplicável e faça a adequação dos fatos à norma. Veja exemplos mais adiante. O examinador aprecia provas objetivas, que vão direto ao ponto. Quem responde a questão logo na primeira frase demonstra o domínio da objetividade.

9. Se houver mais de uma indagação em uma mesma questão, procure responder todas, transformando cada resposta num tópico frasal, independente do outro. É importante que a resposta de um item seja apreendido por si mesmo, sem a necessidade de referência a outros trechos. Não tome o parágrafo de uma questão como subsequente do parágrafo da questão anterior.

10. Dê uma sequência lógica aos parágrafos.

11. Responda na sequência definida na questão e não se esqueça de observar a ordem de transcrição das respostas nem de especificar o item do enunciado a que se referem (1-A, 1-B, 2-A etc.).

12. Para facilitar a resposta e dar celeridade às respostas, você pode usar a mesma metodologia do silogismo jurídico, conforme se pode ver dos exemplos abaixo:

O Enunciado (Direito Civil)

Josué, que não tinha lugar para morar com a família, ocupou determinada área urbana de 500 metros quadrados. Como ignorava a titularidade do imóvel, o qual se encontrava sem demarcação e aparentemente abandonado, nele construiu uma casa de alvenaria, com três quartos, furou um poço, plantou grama, e, como não possuía outro imóvel, fixou residência com a mulher e os cinco filhos, por cerca de dois anos, sem ser molestado. Matusalém, proprietário do imóvel, ao tomar conhecimento da ocupação, ajuizou ação de reintegração de posse em face de Josué.

Diante de tal situação, responda, fundamentadamente, à seguinte indagação a seguir.

A indagação:

Na contestação, Josué poderia requerer indenização pelas benfeitorias realizadas?

A resposta:

Sim, Josué poderia requerer indenização pelas benfeitorias realizadas.

Nos termos do art. 1.219 do Código Civil, o possuidor de boa-fé tem direito à indenização das benfeitorias necessárias e úteis, bem como, quanto às voluptuárias, se não lhe forem pagas, a levantá-las, quando o puder sem detrimento da coisa, e poderá exercer o direito de retenção pelo valor das benfeitorias necessárias e úteis.

No caso em tela, ficou comprovada a posse de boa-fé, uma vez que Josué ocupou por cerca de dois anos, sem ser molestado, 500 metros quadrados de terra sem demarcação e aparentemente abandonada.

Assim, por ser de boa-fé, terá direito à indenização pelas benfeitorias necessárias e úteis ou exercer o direito de retenção, e ainda poderá levantar as benfeitorias voluptuárias, caso não sejam pagas, conforme disposto na lei civil.

Com a utilização dessa técnica, é possível constatar como é simples resolver as questões discursivas. Veja que não é necessário inserir muitos conectores para unir os parágrafos. Basta armar o silogismo, com a premissa maior, a premissa menor e a conclusão, sem esquecer da ideia núcleo, focada na pergunta da questão.

Vejamos outros exemplos:

19 • DAS QUESTÕES DISCURSIVAS   **163**

O Enunciado (Direito do Trabalho)

Pedro e Guilherme trabalhavam de 2ª a 6ª feira como auxiliares técnicos em uma mineradora. Em determinada tarde de um final de semana, enquanto passeava em um shopping da cidade, Pedro encontrou Guilherme. Por motivo fútil, eles discutiram por um lugar na fila para comprar ingresso para uma sessão de cinema. Irritado, Pedro agrediu Guilherme, com socos e tapas, que não reagiu e teve de ser hospitalizado para cuidar das lesões sofridas. A notícia se espalhou rapidamente, de modo que na 2ª feira seguinte todos os empregados da mineradora sabiam e comentavam o ocorrido. Aliás, diziam que Pedro era reincidente neste tipo de situação, pois no passado havia agredido fisicamente outro auxiliar técnico, também colega de trabalho, num estádio de futebol, pois torciam para times diferentes.

A indagação: Caso Pedro fosse dispensado por justa causa, em razão da ofensa física praticada contra Guilherme, que tese você, contratado por Pedro, advogaria em favor dele para tentar reverter a modalidade de dispensa? Justifique.

A resposta:

A tese a ser sustentada é a de que Pedro não pode ser dispensado por justa causa, porque a agressão não ocorreu em serviço.

O art. 482 da CLT, elenca as hipóteses de justa causa para a rescisão do contrato de trabalho pelo empregador, entre as quais o previsto na alínea j, que diz respeito a "ato lesivo da honra ou da boa fama praticado no serviço contra qualquer pessoa, ou ofensas físicas, nas mesmas condições, salvo em caso de legítima defesa, própria ou de outrem".

No caso em análise, a briga entre Pedro e Guilherme ocorreu em um shopping da cidade, em razão de uma disputa por um lugar na fila para comprar ingresso para uma sessão de cinema, quando Pedro agrediu Guilherme, com socos tapas.

Assim, uma vez que o ato lesivo praticado por Pedro fora praticado fora do local de serviço, não cabe a demissão por justa causa, ainda que ele seja reincidente nesse tipo de situação.

O Enunciado (Direito Penal)

Flávio está altamente sensibilizado com o fato de que sua namorada de infância faleceu. Breno, não mais aguentando ver Flávio sofrer, passa a incentivar o amigo a dar fim à própria vida, pois, assim, nas palavras de Breno, ele "novamente estaria junto do seu grande amor." Diante dos incentivos de Breno, Flávio resolve pular do seu apartamento, no 4º andar do prédio, mas vem a cair em um canteiro de flores, sofrendo apenas arranhões leves no braço. Descobertos os fatos, Breno é denunciado pela prática do crime previsto no Art. 122 do Código Penal, na forma consumada, já que ele incentivou Flávio a se suicidar. Recebida a denúncia, o juiz, perante a Vara Única da Comarca onde os fatos ocorreram, determina que seja observado o procedimento comum ordinário. Durante a instrução, todos os fatos anteriormente narrados são confirmados. Os autos são encaminhados para as partes para apresentação de alegações finais. A família de Breno procura você para, na condição de advogado(a), prestar os esclarecimentos a seguir.

A indagação: O procedimento observado durante a ação penal em desfavor de Breno foi o adequado? Justifique.

A resposta:

Não foi observado o procedimento adequado em desfavor de Breno durante a ação Penal.

No caso em destaque, Breno foi denunciado pela prática do crime de instigação, induzimento ou auxílio ao suicídio consumado, previsto no art. 122 do Código Penal, o qual, por ser um crime doloso, deve ser julgado pelo Tribunal do Júri. Não obstante, o juiz determinou que fosse observado o procedimento comum ordinário.

Portanto, não se emprega ao caso o art. 394, § 3º, do CPP, aplicável aos processos que adotam o procedimento comum ordinário, mas sim o art. 394, § 3º, do CPP, o qual estabelece normas procedimentais a serem observadas nos processos de competência do Tribunal do Júri, determinando sejam consideradas as disposições previstas no art. 406 a 497 do CPP.

164 GUIA PRÁTICO PARA O EXAME DE ORDEM • Mara Saad

O Enunciado (Direito Constitucional)

Determinado Estado-membro aprovou uma lei que incluiu a disciplina de formação para o trânsito nos currículos do 1º e do 2º graus de ensino da rede pública estadual.

A esse respeito, responda ao item a seguir, utilizando os argumentos jurídicos apropriados e a fundamentação legal pertinente ao caso.

A indagação: Analise a constitucionalidade dessa lei estadual.

A resposta:

A Lei é constitucional.

O art. 24, IX, da Constituição da República atribui competência concorrente à União, aos Estados e ao Distrito Federal para legislar sobre educação, cultura, ensino e desporto. Por sua vez, normas relativas a trânsito e transporte são privativas da União, a teor do disposto no art. 22, XI, da Constituição República.

No caso em análise, a lei aprovada pelo Estado-membro incluiu a disciplina de formação para o trânsito nos currículos do 1º e 2º graus de ensino da rede pública estadual. Na verdade, a legislação aprovada dispõe sobre normas relativas à educação no trânsito e não propriamente sobre normas de trânsito.

Assim, o Estado-membro possui competência para legislar sobre a norma em questão. Nesse sentido, já se pronunciou o STF, ao julgar a ADI 1991/DF (Rel. Ministro Eros Grau, Tribunal Pleno, unânime, j. 03.11.2004).

O Enunciado (Direito Administrativo)

A União celebrou contrato de concessão de serviços públicos de transporte interestadual de passageiros, por ônibus do tipo leito, entre os Estados X e Y, na Região Nordeste do país, com a empresa Linha Verde. Ocorre que já existe concessão de serviço de transporte interestadual entre os Estados X e Y, por ônibus do tipo executivo (com ar condicionado e assentos individuais estofados, mas não do tipo leito), executada pela empresa Viagem Rápida.

Em virtude do novo contrato celebrado pela União, a empresa Viagem Rápida, concessionária do serviço por ônibus, do tipo executivo, entre os Estados X e Y, ingressou com demanda em Juízo, alegando que a celebração do novo contrato (com o estabelecimento de concorrência anteriormente inexistente) rompe seu equilíbrio econômico--financeiro, razão pela qual se impõe a exclusividade na exploração comercial daquela linha.

Com base no caso apresentado, responda, fundamentadamente, ao item a seguir.

A indagação: Procede a alegação da empresa Viagem Rápida de que se impõe a exclusividade na exploração comercial daquela linha?

A resposta:

Não procede a alegação da empresa.

Nos termos do art. 5º da Lei n. 8.987/95, que dispõe sobre o regime de concessão e permissão da prestação de serviços públicos, "o poder concedente publicará, previamente ao edital de licitação, ato justificando a conveniência da outorga de concessão ou permissão, caracterizando seu objeto, área e prazo".

O art. 16 da Lei n. 8.987/1995, por sua vez, estabelece que "a outorga de concessão ou permissão não terá caráter de exclusividade, salvo no caso de inviabilidade técnica ou econômica justificada no ato a que se refere o art. 5º desta Lei".

No caso em análise, não há, na outorga de concessão, qualquer referência a eventual justificativa sobre inviabilidade técnica ou econômica.

Portanto, não pode a empresa Viagem Rápida exigir a exclusividade na exploração comercial da linha de ônibus.

19 • DAS QUESTÕES DISCURSIVAS

O Enunciado (Direito Tributário)

Em 01 de novembro de 2016, a União, por meio de lei ordinária, instituiu empréstimo compulsório para custear despesas advindas de uma forte tempestade que assolou a Região Sul do Brasil. Naquele diploma legal, ficou previsto que o empréstimo compulsório passaria a ser exigido já no mês de dezembro de 2016.

Diante de tal quadro, responda ao item a seguir.

A indagação: No caso em exame, o empréstimo compulsório poderia ter sido instituído por lei ordinária?

A resposta:

A resposta é negativa.

Segundo estabelece o art. 148, *caput*, da CRFB, somente mediante lei complementar poderão ser instituídos empréstimos compulsórios para atender a despesas extraordinárias decorrentes de calamidade pública, de guerra externa ou sua iminência.

No caso em análise, a União instituiu o empréstimo compulsório para custear despesa extraordinária decorrente de calamidade pública, consistente em forte tempestade que assolou a Região Sul do Brasil. No entanto, o tributo foi instituído por meio de lei complementar e não de lei ordinária como prevê o dispositivo constitucional acima transcrito.

Assim, o empréstimo compulsório não poderia ser instituído por lei ordinária.

O Enunciado (Direito Empresarial)

Irmãos Botelhos & Cia. Ltda., em grave crise econômico-financeira e sem condições de atender aos requisitos para pleitear recuperação judicial, requereu sua falência no juízo de seu principal estabelecimento (Camaçari/BA), expondo as razões da impossibilidade de prosseguimento da atividade empresarial.

O pedido foi acompanhado dos documentos exigidos pela legislação e obteve deferimento em 11 de setembro de 2018. Após constatar que todos os títulos protestados por falta de pagamento tiveram o protesto cancelado, o juiz fixou, na sentença, o termo legal em sessenta dias anteriores ao pedido de falência, realizado em 13 de agosto de 2018.

Sobre o caso apresentado, responda aos itens a seguir.

A indagação: Foi correta a fixação do termo legal da falência?

A resposta:

Sim, foi correta a fixação do termo legal em sessenta dias anteriores ao pedido de falência.

Nos termos do art. 99, II, da Lei n. 11.101/2005, "a sentença que decretar a falência do devedor, entre outras determinações, fixará o termo legal da falência, sem poder retrotraí-lo por mais de 90 (noventa) dias contados do pedido de falência, do pedido de recuperação judicial ou do 1º (primeiro) protesto por falta de pagamento, excluindo-se, para esta finalidade, os protestos que tenham sido cancelados".

No caso em análise, a falência foi requerida em 13 de agosto de 2018 e deferida em 11 de setembro de 2018. O juiz, após constatar que foram cancelados todos os títulos protestados por falta de pagamento, fixou na sentença o termo legal em sessenta dias anteriores ao pedido de falência.

Portanto, a fixação do termo legal ocorreu na forma estabelecida na lei de referência, pois retrotraído por sessenta dias contados do pedido de falência.

20
COMANDOS VERBAIS DE ENUNCIADOS DE PROVAS DISCURSIVAS

Para quem vai fazer prova pra juiz, promotor, delegado, auditor, procurador, analista é bom ficar atento a este conteúdo.

Nas provas discursivas em geral, os enunciados vêm conduzidos por um verbo de natureza imperativa: aponte, defina, demonstre, explique etc.

É preciso conhecer o significado de cada um deles, para não errar a questão. São pequenas armadilhas da banca examinadora com vistas a selecionar os candidatos mais atentos e de vasto conhecimento.

Em geral, esses verbos não buscam a opinião pessoal do candidato, mas exige que ele responsa de acordo com o enunciado do texto.

Entenda o significado de cada um, para não ser pego de surpresa na hora da prova. É provável que você venha a se deparar com um deles e não saber responder.

ENUNCIADO	SIGNIFICADO
aponte, indique	Indicar, mostrar, no próprio texto, um fato, uma característica, uma evidência ou indícios;
cite	mencionar; fazer referência;
classifique	determinar a classe; distribuir em classes conforme sistema de classificação;
compare	mostrar as semelhanças e diferenças;
defina	delimitar o conceito em sua exata dimensão;
demonstre	mostrar a evidência; comprovar algo exposto no texto; mostrar os problemas e/ou as soluções possíveis;
diferencie, distinga	mostrar a diferença;
discorra	abordar, falar;
discrimine	diferenciar, individualizar;
enumere	listar de forma sucessiva: mostrar todas as partes de um todo;

ENUNCIADO	SIGNIFICADO
estabeleça	mostrar a diferença, a semelhança ou a relação entre fatos;
especifique	individualizar; mostrar separadamente; apresentar os detalhes e as características;
exemplifique	mostrar com exemplos;
explique	aclarar; esclarecer; desenvolver, justificar;
identificar	reconhecer um fato ou fenômeno;
Interprete	extrair o sentido, elucidar;
justifique	fundamentar, demonstrar, provar;
relacione	mostrar a conexão entre uma coisa e outra.

21
COMO AGRADAR AO EXAMINADOR

Ninguém precisa escrever como escreve a FGV, mas recomenda-se empregar, na prova, o vocabulário e as formalidades por ela adotada.

Mas atenção! Nem sempre a FGV emprega o termo mais adequado do ponto de vista técnico.

1) Prefira Constituição da República Federativa do Brasil (CRFB/88), em vez de Constituição Federal (CF).

Conforme dispõe o art. 18 da CRFB.

2) Escreva os artigos com letra maiúscula (embora o mais adequado seja com minúsculas) e insira por extenso as palavras "incisos", "alíneas", tal como consta no padrão de resposta das provas:

Art. 105, inciso II, alínea b, da CRFB/88.

Art. 1027, inciso II, alínea a, do CPC.

Art. 294, parágrafo único, ou do Art. 297 ou do Art. 300, todos do CPC.

Art. 16, § 1º, inciso I, da Lei nº 12.846/13.

3) Só escreva "parágrafo" por extenso, quando se tratar do parágrafo único:

Art. 294, parágrafo único, do CPC.

4) Se o dispositivo apresentar mais de um parágrafo, use o símbolo §:

Art. 16, § 1º, inciso I, da Lei nº 12.846/13.

5) Se for o caso de citar mais de um parágrafo, dobre o símbolo:

Art. 16, §§ 1º e 2º, da Lei nº 12.846/13.

6) Aponha sempre a abreviatura nº (em minúscula) antes do número da lei.

Art. 16, §§ 1º e 2º, da Lei nº 12.846/13.

7) *Na indicação da lei, escreva Lei em maiúscula. Em sentido genérico, use a minúscula.*

Art. 42, § 1º, da Lei nº 9.784/99.

Isso é o que dispõe a lei.

8) *Indique o ano da promulgação da lei com apenas os dois últimos dígitos:*

Art. 16, caput, da Lei nº 12.846/13.

9) Pontue corretamente os dispositivos legais. Use a vírgula para intercalar os elementos "parágrafos", "incisos" e "alíneas":

Art. 1027, inciso II, alínea a, do CPC.

Art. 25, § 2º, da CRFB/88.

10) Para indicar a numeração de súmulas, a FGV tem preferência por:

Verbete sumular nº 621 do STJ.

> *Enunciado da Súmula n° 621 do STJ.*

Por ora, é o que colhemos dos padrões de respostas das provas da segunda fase da OAB.

Na prática jurídica, convém conhecer as formas mais recomendadas de uso pelos especialistas da área, as quais nem sempre coincidem com as adotadas pela FGV.

CONCLUSÃO

Chegamos ao fim deste guia.

Esperamos que tenhamos alcançado nosso objetivo que é o de desenvolver competências de estudantes que se preparam para o Exame de Ordem para que sejam capazes de realizar um exame com mais segurança, com conhecimento de causa e com capacidade para enfrentar as dificuldades porventura surgidas ao longo da prova e também depois dela, já na prática da vida profissional.

O Guia é de grande valia também para advogados iniciantes e já iniciados, pois traz conhecimento sobre as mais recentes alterações a serem aplicadas na prática jurídica.

REFERÊNCIAS

ASSOCIAÇÃO BRASILEIRA DE NORMAS TÉCNICAS NBR-6028: resumos. Rio de Janeiro: ABNT, 1990.

ALMEIDA, Napoleão Mendes. *Dicionário de questões vernáculas*. 4. ed. Editora Ática, 2008.

ALVIM, Ana Virgínia Christofoli. *Elaboração de Ementas*. Artigo extraído do portal www.prg. df.gov.br/sites/200/253/centro_estudos/.../ice_03_2003.doc.

ANDRADE. Valdeciliana. *Linguagem jurídica*: um estudo do discurso forense. Curitiba: Editora CRV, 2014.

AQUINO, Renato e DOUGLAS, William. *Manual de português e redação jurídica*. 5. ed. Rio de Janeiro: Editora Impetus, 2014.

BECHARA, Evanildo. *Novo dicionário de dúvidas da língua portuguesa*. Editora Nova Fronteira, 2016.

BENASSSE, Marcos Antonio. BESASSE. Maria Cristina K. dos Santos. *Linguagem forense*. Campinas: Bookseller, 2004.

BITTAR, Eduardo C. B. *Linguagem jurídica*: semiótica, discurso e direito. 6. ed. São Paulo: Saraiva, 2015.

BUENO, Cassio Scarpinella. *Novo Código de Processo Civil anotado*. São Paulo: Saraiva, 2015.

CAPEZ, Fernando. *Curso de Direito Penal, parte geral*. 21. ed. São Paulo: Saraiva, 2017.

CAPEZ, Fernando. *Curso de Processo Penal*. 25. ed. São Paulo: Saraiva, 2018.

CEGALLA, Domingos Paschoal. Dicionário de Dificuldades da Língua Portuguesa. 4. ed. Lexikon, 2018.

COSTA, José Maria da. *Manual de redação jurídica*. 6. ed. Kindle. Migalhas.

COSTA, Margarete Terezinha de Andrade Costa. *Lógica, comunicação e argumentação jurídica*. São Paulo, Inter Saberes, 2021.

COSTA NETO, Raimundo Silvino e RODRIGUES, Rodrigo Cordeiro de Souza. *Sentença cível*. Estrutura e técnicas de elaboração. 2. ed. Método 2016.

DIDIER JR., Fredie. *Curso de Direito Processual Civil*. 19. ed., conforme novo CPC. Juspodivm, 2017. v. 1, 2 3 e 4.

DIDIER JR., Fredie. *Sentença constitutiva e execução forçada*. Artigo extraído do portal www.frediedidier.com.br.

DONIZETTI, Elpídio. *Novo Código de Processo Civil comparado*. São Paulo: Atlas, 2015.

JESUS, Damásio de. *Código Penal anotado*. 23. ed. São Paulo: Saraiva, 2016.

MAGRI, Wallace. *Redação forense*. OAB 2ª Fase. Rio de Janeiro, Brasil Jurídico, 2017. v. 1.

MARINONI, Luiz Guilherme; ARENHART, Sérgio Cruz; MITIDIERO, Daniel. *Novo Código de Processo Civil comentado*. São Paulo: Ed. RT, 2015.

MOREIRA, José Carlos Barbosa. *Comentários ao Código de Processo Civil*. 14. ed. Rio de Janeiro: Forense, 2008. v. V.

NEVES, Daniel Amorim Assumpção. *Manual de Direito Processual Civil*. 8. ed. Salvador: JusPodivm, 2016. volume único.

NEGRÃO, Theotônio. *Código de Processo Civil e legislação processual em vigor*. 47. ed. São Paulo: Saraiva, 2016.

NUCCI. Guilherme de Souza. *Código de Processo Penal comentado*. 16. ed. rev. e atual. São Paulo: Forense, 2017.

NUCCI, Guilherme de Sousa. *Manual de Direito Penal*. 14. ed. Rio de Janeiro: Gen – Forense, 2018.

NUCCI, Guilherme de Sousa. *Leis Penais e Processuais Penais comentadas*. 7. ed. São Paulo: Ed. RT 2013.

OLIVEIRA, Eugênio Pacelli de. *Curso de Processo Penal*. 21. ed. São Paulo: Saraiva, 2017.

PAIVA, Marcelo. *Português jurídico*. Brasília: Alumnus, 2012.

PETRI, Maria José Constantino. *Manual de linguagem jurídica*. 3. ed. São Paulo: Saraiva, 2017.

PINTO, Rosalice; CABRAL, Ana Lúcia Tinoco; RODRIGUES, Maria das Graças Soares. *Linguagem e direito*. Perspectivas teóricas e práticas. São Paulo: Editora Contexto, 2021.

RODRIGUEZ, Víctor Gabriel. *Argumentação jurídica*. Técnicas de persuasão e lógica informal. 4. ed. São Paulo: Editora Martins Fontes, 2005.

SABBAG, Eduardo. *Manual de português jurídico*. 8. ed. São Paulo: Saraiva, 2014.

SOUZA, Anderson Chalita Elísio de ; FETZNER, Néli Luiza Cavalieri; PALADINO, Valquiria da Cunha. *Argumentação Jurídica*. Teoria e prática. 4. ed. São Paulo, Freitas Bastos Editora, 2012.

SOUZA, Bernardo Pimentel. *Introdução aos recursos cíveis e à ação rescisória*. 5. ed. São Paulo: Saraiva, 2008.

TANGA. *Manual de gramática aplicada ao direito*. 2. ed. São Paulo: Dialética, 2022.

TOLEDO, Marleine Paula Marcondes e Ferreira de; NADÓLSKIS, Hêndricas. *Comunicação jurídica*. 4. ed. São Paulo: Sugestões Literárias, 2002.

TOURINHO FILHO, Fernando da Costa. *Manual de Processo Penal*. 17. ed. São Paulo: Saraiva, 2017.

TOURINHO FILHO, Fernando da Costa. *Código de Processo Penal comentado*. 15. ed. São Paulo: Saraiva, 2014. v. 1 e 2.

VIANA, Prof. Joseval Martins. *Manual de redação forense e prática jurídica*. 3. ed. Editora Juarez de Oliveira, 2006.

XAVIER, Ronaldo Caldeira. *Português no Direito*. 15. ed. Rio de Janeiro: Forense, 2006.

ZAVASCKI, Teori Albino. *Sentenças declaratórias, sentenças condenatórias e eficácia executiva dos julgados*. Artigo extraído do portal www.buscalegis.ufsc.br – JusPodivm.

Anotações